Faire le bon choix amoureux

Arielle Adda

Faire le bon choix amoureux

Les adultes doués et la quête amoureuse

Odile Jacob

15, rue Soufflot, 75005 Paris

www.odilejacob.fr

ISBN : 978-2-7381-5285-5

Introduction

Depuis quelque temps, une certaine littérature tente de saisir avec plus de précision la nature des personnes douées et leurs spécificités qui les différencient du plus grand nombre. On s'applique à évoquer l'abondance de bienfaits apportés par la richesse de leurs dons, que ce soit dans leur travail ou dans la société en général. Ces personnalités complexes, déroutantes, délicates à cerner en apparence, pourraient être finalement aisément comprises par qui possède la bonne grille de lecture. Justement, les livres à leur sujet ne cessent de se multiplier.

Cette littérature qui les décrit si bien devrait suffire, alors pourquoi s'attacher plus particulièrement à évoquer leur vie amoureuse ? La vie amoureuse est compliquée pour la plupart des individus, les personnes douées n'échappent pas à la règle générale, il ne serait pas nécessaire de les placer à part, encore une fois, alors qu'elles sont bien comme tout le monde quand il s'agit de sentiment, d'attirance, voire de passion, tout domaine où la raison n'a pas toujours de place.

Certes, elles sont bien comme tout le monde, mais leurs caractéristiques propres compliquent leur situation. Les parents d'enfants doués le savent, et leur quotidien ne tarde pas à le leur rappeler sans cesse : avec eux, rien n'est jamais simple, l'intensité de leurs réactions reste surprenante, même pour des parents aguerris. Il a fallu du temps et de la patience pour leur apprendre à relativiser certains événements.

Ces parents se tourmentent : qu'adviendra-t-il lorsque cet enfant trop sensible, aux réactions parfois exagérées, au caractère entier, se trouvera parmi des personnes qui ne le comprendront pas forcément. Il faut donc lui donner des armes, lui expliquer ses caractéristiques pour qu'il ne se pense pas anormal et surtout lui apprendre à adopter un point de vue un peu plus distant, à tenter de raisonner avant de réagir et surtout à rester prudent en toutes occasions.

Ces beaux préceptes risquent évidemment de le bloquer parfois, mais il va mûrir, il finira bien par se comporter comme tous les autres jeunes gens… L'expérience démontre que tout ne se passe pas aussi bien, surtout dans le domaine infiniment délicat de l'amour. Ses parents eux-mêmes, probablement doués eux aussi, ont pu avoir la chance insigne de se trouver et de former un couple solide sans même s'être posé de questions. Ils offrent à leur enfant un modèle enviable, qui risque de fausser son regard : il va croire qu'il est facile de former un couple et cette crédulité pourrait le desservir, il ne saura pas éviter les pièges, il ne pensait même pas qu'il en existât dans ce domaine. Si le couple des parents est en guerre, ou bien complètement défait, ou encore s'il n'a jamais existé comme tel, ces parents désirent plus que tout éviter à leur enfant doué les déboires et les déceptions qu'ils ont connus.

Il ne leur vient pas forcément à l'idée de s'interroger sur les causes profondes et volontiers répétitives de leurs désillusions, mais ils préféreraient que leur enfant, qui leur ressemble par bien des côtés, ne connaisse pas les mêmes. On pourrait alors se demander quelle fatalité funeste s'acharnerait sur certaines personnes pour les empêcher de former un couple heureux. Toutes ces histoires aux débuts prometteurs qui s'enlisent et explosent ensuite en fragments douloureux, impossibles à rassembler, présentent des similitudes quand on les considère sous un certain angle.

Serait-ce alors la façon de considérer le monde, les relations entre individus, et l'image qu'on peut avoir de soi-même à travers le regard des autres qui joueraient un rôle dans la construction de sa vie ?

Il semble bien que le don intellectuel doive être pris en compte si on veut comprendre les mécanismes qu'il entraîne, aboutissant trop souvent à un désastre ou même à une frustration insidieuse qui ternit l'existence.

Ces clefs-là ne doivent pas être négligées, elles peuvent ouvrir la voie à une compréhension lucide et cohérente des élans du cœur et surtout de ses égarements.

Il est un fait certain : la vie amoureuse constitue bien une partie importante de l'existence, si ce n'est *LA* partie la plus importante. Pour certains, l'argent ou la réussite professionnelle peuvent représenter momentanément un sujet essentiel de préoccupation, mais ils ne compenseront jamais la chaleur des sentiments. Ce n'est pas exactement la même facette de la personnalité qui est concernée, le sentiment amoureux touche au plus profond et de façon plus durable. La femme d'affaires avisée ou l'avocat habile risquent de perdre une grande partie de leur efficacité professionnelle dans une relation amoureuse. Ils peuvent alors s'interroger sur ce décalage surprenant et apparemment incompréhensible et se demander s'ils ne sont pas victimes d'une sorte de malédiction : on ne saurait réussir de façon identique dans tous les domaines. Tout comme on présente des faiblesses physiques ponctuelles : on ne court pas très vite ou bien on ne nage pas avec une aisance absolue, ou encore on peut se montrer moins habile dans certains domaines de raisonnement, les chiffres restant opaques par exemple, on se voit démuni, aveugle et trop naïf lorsque les sentiments troublent le jugement. Quel serait ce sort malin qui ébranle trop vite un couple pourtant ébauché sous des auspices apparemment favorables ?

Quand on évoque le parcours d'une personne connue ou remarquable par un aspect de sa vie ou de sa personnalité, le récit n'est pas pleinement satisfaisant si sa vie affective et sentimentale n'est pas évoquée ou bien est délibérément laissée de côté. On ne peut pas se former de quelqu'un une image cohérente si on ignore un pan intime de son existence. Même si on comprend que la discrétion est de mise dans ce domaine particulier, on se sent rassuré si cette personne qu'on estime, qu'on admire, ou même qu'on aime, connaît une vie affective satisfaisante. C'est une donnée essentielle. Il ne s'agit pas d'une curiosité malsaine ou d'un intérêt inspiré pas l'attrait d'un éventuel scandale, mais il est plus satisfaisant pour l'esprit de savoir que ces personnes renommées pour leur réussite sociale connaissent également cette paix et ce bonheur. Les magazines *people* n'évoquent pratiquement que ce seul sujet, quitte à inventer des relations entre personnes connues à partir d'un sourire ou d'un échange de regard, peut-être prometteur, qui sait ? Les drames sentimentaux ravissent leurs lecteurs, du moment qu'on parle de l'amour et de ses aléas.

Dans le registre des professions plus austères, on se contente d'un laconique « marié, tant d'enfants… », mais cette définition minimaliste d'une vie sentimentale peut cacher des romans entiers, parfois sombres, tumultueux, voire dramatiques. Être marié, ou vivre en couple, est considéré comme le gage d'une intégration sociale réussie. Même si les notions de couple sont devenues toutes relatives, on continue à souhaiter que personne ne vive isolé. On a vite fait de penser à la solitude douloureuse de certaines vedettes, par exemple, douées et naturellement excessives, qui ont parfois fini par ne plus supporter cet isolement affectif, même si des amis restaient proches et attentifs. Passe l'ombre de Maria Callas, de Dalida, de Marilyn Monroe, ces femmes superbes et intensément douées qui n'ont pas pu construire durablement leur vie sentimentale.

Curieusement, le thème de la vie amoureuse est peu abordé dans la littérature concernant les personnes douées : il est mentionné au passage, on lui reconnaît son importance, puis on passe à un autre sujet, comme s'il n'était qu'une extension des relations sociales en général, déjà souvent complexes, il est vrai. Pourtant, c'est la vie amoureuse des personnes douées qui constitue souvent la trame de nombre de romans : si ces personnages n'étaient pas dotés de certaines qualités hors du commun, leur sort intéresserait peu le lecteur. Pour être attachante, une héroïne doit posséder quelques qualités et les héros les plus désenchantés savent réfléchir, même quand ils donnent l'impression d'être ballottés par un destin indifférent à leur condition. Imagine-t-on une Scarlett O'Hara superficielle et passive ou bien un Luke Skywalker pusillanime, une Jane Eyre influençable et indécise, une Princesse de Clèves libertine ou le Grand Meaulnes bassement matérialiste, sans oublier le premier d'entre eux, le modèle inégalable proposé durant des siècles, Ulysse aux nombreux qualificatifs ? Tous ont en commun une remarquable force intérieure et une admirable fidélité à leurs idées, à leurs sentiments et à leur image propre. Ils ne sauraient envisager de se trahir, cette seule idée est inconcevable.

On peut penser que les bons écrivains, ceux qui savent créer des personnages qu'on imagine connaître au point qu'ils nous sont immédiatement familiers tant ils ont de réalité, sont généralement des personnes douées : leurs héros sont des reflets d'eux-mêmes, ils sont dotés de certains aspects de la personnalité de leur créateur, dans un ensemble cohérent et homogène. Les lecteurs doués se reconnaissent tout naturellement ou, du moins, ils y voient parfois une image sublimée d'eux-mêmes, ils lisent l'évocation du personnage qu'ils auraient aimé être ou bien avoir pour ami.

Il y a loin entre les grands élans romantiques et les sentiments passionnés, si bien décrits dans des romans intemporels, et le quotidien des personnes douées qui aimeraient tant, elles aussi, vivre quelque chose qui ressemble à leurs lectures et aux films qui les émeuvent jusqu'aux larmes, preuve qu'il s'agit d'un film réussi : le réalisateur a su toucher les spectateurs au plus profond d'eux-mêmes, il leur a offert ce plaisir de vivre en imagination une vie intense et passionnée, révélant même peut-être des sentiments qu'ils s'ignoraient capables d'éprouver.

Malgré toutes les embûches que les héros doivent surmonter et tous les obstacles, parfois désespérants, parfois extrêmes, qu'ils sont obligés de dépasser, ils parviennent à un accomplissement heureux et coulent ensuite des jours paisibles, sauf accident provoqué par un sort cruel ou une issue fatale délibérément choisie par un auteur pessimiste et sombre. On serait alors tenté de penser que le commun des mortels ne rencontre pas tant de difficultés pour construire sa vie et nouer une relation amoureuse : il fallait seulement multiplier les péripéties pour bâtir un roman capable de conserver l'attention du lecteur jusqu'à la fin. Dans la vie ordinaire, les obstacles ne sont pas si nombreux, il y a des répits durant lesquels on peut s'occuper de sa vie sentimentale.

Après tout, la majorité des gens vivent en couple, et, s'ils se séparent, ils recommencent avec la même énergie et le même optimisme. On aurait même tendance à considérer qu'une personne qui éprouve tant de peine à construire un couple durable a « un problème » et on lui conseille de voir un psychologue. On retombe alors dans le schéma habituel : sans la bonne grille de lecture, le thérapeute s'égare dans des explications bien trop compliquées où celui qui ne parvient pas à rencontrer *la bonne personne* ne se reconnaît pas. En revanche, son image est de plus en plus malmenée par ces hypothèses et par ces assertions péremptoires qui ne lui correspondent pas du tout. Il se sent alors véritablement différent, à part, les spécialistes consultés n'ont pas pu l'aider, preuve de l'affreuse originalité de sa situation.

Il suffit parfois qu'il lise ou entende par hasard une description dans laquelle il reconnaît quelque chose de lui pour que s'amorce un début de piste : il y a trop de similitudes entre ce qu'il sait de sa personnalité et ces caractéristiques évoquant les personnes douées pour qu'elles soient fortuites. Mais qui peut se permettre d'avoir l'outrecuidance de se penser doué alors que tant d'échecs ont jalonné son existence et qu'il s'est souvent entendu reprocher une indépendance d'esprit, pourtant toute naturelle pour lui ? De quelle audace doit-on faire preuve pour oser songer à une quelconque habileté intellectuelle sans craindre le ridicule ? Sans l'aide d'un accompagnement attentif beaucoup tardent à s'engager sur ce chemin périlleux tant ils le pensent trop particulier pour se sentir concernés, mais il faut bien un jour se rendre à l'évidence : le salut viendra peut-être quand ils auront accepté de vérifier cette hypothèse. Plus ils y songent et plus cette explication leur semble plausible, d'autant plus que c'est sans doute leur ultime chance de construire une relation enfin satisfaisante. Pressés par des amis proches, c'est en tremblant qu'ils entreprennent des recherches et c'est dans un état d'angoisse incoercible qu'ils passent un test pour savoir enfin s'ils peuvent se considérer « doués » et appliquer alors cette grille de lecture permettant de comprendre tous les chaos qu'ils ont traversés. La crainte d'apprendre que cette piste est erronée est presque paralysante. Comment alors mieux se connaître ? Ou bien faut-il y renoncer et accepter d'être à ce point différent et donc peut-être fou ? En réalité, quand ces évocations éveillent un écho, il n'y a pas d'erreur, c'est bien le chemin qu'il faut emprunter pour sortir de son marasme. Toutes les pistes de recherche aboutissent à cette unique voie, on se contraint à surmonter son vertige, ses réticences, et à accepter de voir la vérité en face. Le courage qu'il a fallu trouver donne ensuite les forces nécessaires pour continuer sur ce chemin périlleux, mystérieux, qu'on imagine semé de pièges sournois et d'obstacles inconnus et terrifiants, comme dans tout parcours initiatique de quelque valeur.

Pourquoi se lancer dans un tel projet si ce n'est avec l'espoir de connaître enfin un peu de paix et même de joie ?

Pour affronter ce cheminement particulier, il convient de posséder les armes nécessaires. Les parents de l'enfant doué s'inquiétaient de sa fragilité, ils ont fait leur possible pour le préparer à tous les combats, mais chacun doit se forger ses propres armes en fonction de sa nature. Il s'agit d'un état d'esprit : celui de quelqu'un qui s'apprête à mener le combat qui lui permettra de se réaliser et de s'accomplir.

À l'exemple du preux chevalier d'autrefois, qui revêtait son armure pour partir défendre son pays, son roi, ses idéaux – il n'allait pas guerroyer seulement vêtu d'une chemise de lin ou de laine –, celui qui tient à construire son existence selon ses désirs doit élaborer sa protection. L'armure de ces chevaliers était soigneusement façonnée, à la fois dans un but pratique, mais aussi esthétique. De nos jours, elle doit offrir un aspect aimable, il ne s'agit pas de revêtir de féroces ornements destinés à terrifier l'éventuel ennemi, mais de se protéger contre des flèches meurtrières pour tracer sa route avec courage et détermination. Ce sont ces qualités qui confèrent une séduction certaine : être conscient que la vie est un combat et qu'il faut l'aborder comme telle si l'on veut rester fidèle à soi-même et alors nouer des amitiés sûres et enfin, le plus important de tout, construire un amour sans faux-semblant.

Pour conférer la plus grande efficacité à cette armure, il est indispensable de bien se connaître : on s'appuie sur ses forces, on compense ses faiblesses. L'intuition constitue une force incontestable, on ne doit jamais la négliger. Au combat, il est essentiel de connaître les techniques de son adversaire pour les contrer et ne pas être pris au dépourvu. Dans la vie ordinaire, cette intuition permet de prévoir les réactions des autres pour éviter de les blesser ou bien pour les réconforter parce qu'on a compris leur peine. Bien se connaître, c'est aussi éviter, autant qu'on le peut, les situations qu'on sait mal supporter. Par exemple, il est préférable de fuir les personnes venimeuses et nocives, ou de s'en protéger au mieux si on est contraint de les côtoyer. Les personnes douées, même quand elles l'ignorent, souffrent énormément quand elles sont touchées par une flèche empoisonnée. On n'expose pas une armure, même soigneusement élaborée, à des attaques destructrices. Un bon combattant prend soin de sa protection pour conserver toute son efficacité. Il avance alors d'un pas plus sûr, il possède une plus grande assurance, il risque moins de s'égarer dans de fausses voies. Plus que tout autre domaine et de façon plus douloureuse, les sentiments poussent à se fourvoyer, tout esprit critique aboli. Une connaissance plus lucide de soi-même constitue une aide bien utile dans ce domaine où la raison faiblit si vite.

CHAPITRE I

L'intense désir de vivre un grand amour

Au début d'une histoire d'amour, on désire intensément pouvoir se dire qu'on a enfin rencontré le *grand amour,* que, cette fois, c'est la bonne, on en est sûr, on le sent. On est aveugle et sourd, on ne voit pas les petits signaux d'alarme qui clignotent éperdument, on n'entend plus la voix de la raison s'égosillant à clamer des mises en garde, on veut ignorer les décalages, les divergences, on se dit qu'il s'agit d'une mise en route et que tout s'harmonisera très vite à mesure que l'histoire se déroulera. Ce ne sont que des ajustements minimes, d'une importance presque dérisoire au regard de cette magnifique histoire qui s'ébauche et qui va aller en s'approfondissant.

L'éblouissement de l'amour

On est ébloui par un soleil incandescent, qui écrase tout ce qui n'est pas sous son rayonnement. Le monde a changé de couleur.

Cette chaleur que rien ne peut égaler est encore plus ardente lorsqu'elle survient après une longue période de solitude amère qu'on n'avait pas choisie. On cheminait dans un désert avec pour compagnon un sentiment de désolation insondable, de plus en plus pénible à supporter. On refusait encore de s'installer définitivement dans une résignation accablante, en se répétant un « jamais plus » désespéré puisque, jusque-là, toutes les histoires s'étaient rapidement terminées en défaite. Dans cette atmosphère glacée, la moindre lueur est accueillie avec espoir, on ne veut pas voir les ombres qui l'accompagnent. C'est plus tard et très progressivement qu'elles envahiront le quotidien.

L'amoureux qui s'aveugle se conduit comme quelqu'un qui achète la paire de chaussures qui le faisait rêver, mais elle n'existe plus qu'avec une demi-pointure en dessous. Qu'importe, se dit le passionné, je ne les porterai que lorsque je n'aurai pas besoin de marcher. Très vite, à l'usage, toujours moins modéré que ce qu'il pensait, ces chaussures se révèlent insupportables.

« Et quand il y a plusieurs pointures en moins, que fait-on ? » demande une femme sensible à cette image qui, manifestement, lui parlait.

Cet emballement exalté revêt tous les aspects de la passion ; il en adopte l'apparence avec un tel éclat qu'on s'y laisserait facilement prendre, même si ce n'est qu'un vernis fragile, qui ne résistera pas face au plus léger choc, mais personne ne veut encore le savoir.

Une attirance éphémère peut mimer la passion au point que les protagonistes se laissent éblouir, avec le sentiment apaisant et fallacieux d'être enfin arrivés à bon port.

La passion constitue bien une des caractéristiques des personnes douées et quel domaine est le plus propice à son expression ? Il est évident que l'amour doit s'allier à la passion pour être pleinement satisfaisant et répondre aux attentes. Une relation amoureuse doit être passionnelle, même si les protagonistes ne la perçoivent pas consciemment avec cette intensité particulière, sinon, elle est terne, insignifiante, elle pourrait s'éteindre sans même qu'on s'en aperçoive. Chez certains, prudents et plutôt secrets, la passion elle-même est vécue avec discrétion, mais elle existe toujours, enfouie et ardente. Elle imprime un élan dont la puissance permettra de surmonter les aléas que rencontre n'importe quel couple au cours de son existence. Alliée à la raison et à la logique, elle confère une force inégalable.

Aussi intense que soit cette passion, il est impératif de conserver intact son souci d'accomplissement de soi et de ne pas renoncer aux activités entreprises dont la réussite couronnera les efforts fournis. Un sacrifice de cet ordre risque de peser de plus en plus lourd si des dissonances apparaissent.

On pourrait prendre exemple sur Napoléon écrivant à sa chère Joséphine durant la campagne d'Italie : « Je n'ai pas pris une tasse de thé sans maudire la gloire et l'ambition qui me tiennent éloigné de l'âme de ma vie. Au milieu des affaires, à la tête des troupes, en parcourant les camps, mon adorable Joséphine est seule dans mon cœur, occupe mon esprit, absorbe ma pensée. » Dans le même temps, s'adressant à ses soldats il devenait un chef impérieux : « Je veux vous conduire dans les plus fertiles plaines du monde. De riches provinces, de grandes villes seront en votre pouvoir ; vous y trouverez honneur, gloire et richesses. Soldats d'Italie, manqueriez-vous de courage ou de constance ? »

Le guerrier l'emporte alors sur l'amoureux éperdu.

Les différentes stratégies pour rencontrer l'amour

Des « mariages arrangés » d'autrefois aux sites de rencontre

Il y a quelques décennies, les mariages étaient souvent arrangés entre amis, familles, voisins. Sans que ce soit une occupation à plein temps, il y avait toujours des personnes attentives, curieuses, aimant bien jouer la Providence, qui s'ingéniaient à trouver un partenaire assorti au célibataire esseulé. Elles se disaient animées par le désir sincère de venir en aide au pauvre isolé, trop maladroit ou trop timide pour trouver, par ses seuls moyens, un partenaire de vie qui lui convienne. Elles rendaient aussi service à une famille déroutée par ce célibataire prolongé. Il y avait de ce fait une homogénéité de milieu social, géographique, culturel, créant des points communs et facilitant la vie de couple. Même si la passion était absente, la raison offrait une sécurité rassurante. La famille constituait une entité plutôt sécurisante par son aspect classique et conformiste. Évidemment, il pouvait y avoir des impondérables, mais ils avaient plus de chances d'être compensés par les apports que procure une famille élargie. On se trouve des parents de substitution quand les siens propres étaient trop occupés pour se montrer suffisamment attentionnés vis-à-vis de l'enfant qu'on a été, trop timide pour exprimer ses besoins à des parents noyés sous leurs obligations, ou bien écrasé par un aîné envahissant, ou encore arrivé à un moment inopportun. Des parents se découvrent enchantés de pouvoir compter une fille ou un garçon gagné par procuration, eux qui avaient justement toujours désiré « une fille » ou « un garçon » que le destin leur avait refusé. Ce mariage les comble, ils seront particulièrement attentifs à ce couple qui semble pourtant fondé de façon trop rationnelle.

De nos jours, il y a toujours des couples qui organisent, sans les présenter comme telles, des rencontres entre des célibataires de leur connaissance et dont ils pensent qu'ils s'accorderaient bien. Ne sont-ils pas tous les deux leurs amis ? C'est déjà un point commun. Les couples heureux sont toujours désireux de permettre à leurs amis proches de connaître une joie identique après toutes les peines de cœur qui jalonnent les débuts de la vie amoureuse, mais se prolongent indûment chez certains. Ils se désolent de les voir écorchés par la dureté des ruptures, des faux espoirs, des trahisons. Ils ont souvent connu des souffrances semblables et ils seraient tellement heureux d'aider ces amis à sortir de ce marasme. Avec leur désir zélé de venir en aide à leur prochain, les personnes douées, plus que les autres, aimeraient contribuer au bonheur de leurs amis proches : elles comprennent de l'intérieur la façon courageuse et dure dont ils vivent leur solitude, elles voudraient opérer ce miracle d'une rencontre qui semblera alors prévue de toute éternité.

Cupidon ou intelligence artificielle ?

Autre situation fréquente. Quand, lassé d'un trop grand vide, on ne résiste plus à la tentation des sites de rencontre, c'est tout à coup une profusion presque vertigineuse de possibilités. Aux yeux de l'entourage, on peut alors être comme tout le monde et « avoir quelqu'un ». Qu'importe si le partenaire se révèle vite décevant, il est facile de changer : quelques centres d'intérêt communs, un langage similaire, une proximité géographique ou une passion partagée suffisent pour créer un semblant d'entente qui évoluera peut-être vers un sentiment plus profond. Le danger est grand que ce processus recommence inlassablement, jusqu'à l'épuisement de celui qui ne voulait pas renoncer à rechercher son bonheur.

Ces sites de rencontre tentent bien d'aider les personnes qui s'adressent à eux en les incitant à définir des intérêts et des goûts communs, pour ébaucher un semblant de personnalité compatible, mais l'aspect factice de ce système apparaît vite. On peut annoncer un goût pour les voyages, par exemple, mais il y a mille façons de voyager et la manière des uns peut hérisser et horrifier les autres.

Leurs ancêtres, les vénérables « agences matrimoniales » avaient saisi l'intérêt commercial de ce besoin essentiel d'amour et de la difficulté à le satisfaire pour certains, trop pris par leur travail ou trop timides pour tenter la moindre manœuvre de séduction de leur propre initiative. La sélection s'opérait par le prix d'inscription, mais personne n'aurait admis avoir eu recours à cette entremise, si bien qu'il est difficile de savoir le taux de réussite de ces rencontres. Ces agences étaient prospères jusqu'à l'arrivée d'Internet. Leurs tarifs dissuadaient ceux qui cherchaient surtout à butiner, c'était la seule garantie qu'elles offraient, mais leur questionnaire fourni devait plus ou moins tenter de cerner une approche semblable de la vie, reflétant, entre autres, le niveau intellectuel à une époque où cette notion n'était pas très répandue, en dehors des centres de consultation pour enfants en détresse scolaire.

Depuis peu, ces sites s'enrichissent de l'aide de « coaches » qui auraient l'art d'assortir à merveille les célibataires dans la peine, et on parle de plus en plus des miracles opérés par l'intelligence artificielle qui parviendrait à capter les plus légers frémissements de l'âme pour détecter le partenaire qui les percevrait le mieux. Mais, au-delà de la satisfaction intellectuelle suscitée par l'idée que rien ne vaut les apports d'une merveilleuse logique que procure la science, des voix de spécialistes émettent des réserves : rien ne remplacera jamais l'étincelle impétueuse qu'on ne saurait décrire. Elle fait naître une subtile alchimie, parfois même à l'insu des protagonistes. Aucun algorithme ne saurait la créer.

Pourtant, même si on éprouve quelque méfiance ou quelque réticence vis-à-vis de cette sorte d'intelligence, on pourrait se hasarder à imaginer qu'elle saura persuader, avec tous les arguments nécessaires, les deux partenaires sélectionnés qu'ils sont réellement faits l'un pour l'autre. Ce seraient alors des unions formées par la raison la plus rigoureuse, en éliminant toute intervention de la chance, du destin, quel que soit le nom que l'on donne à la rencontre, parfois miraculeuse, des deux chemins suivis par chacun sans savoir qu'il se dirigeait vers l'autre, tout en le souhaitant de toute son âme. De récentes études américaines démontreraient que les couples formés uniquement grâce à l'intelligence artificielle seraient plus solides et dureraient plus longtemps que ceux formés par le hasard ou même par une rencontre, pourtant déjà un peu ciblée, opérée sur Internet. Cette étude horrifie les Européens restés encore plutôt romantiques malgré l'importance de plus en plus envahissante accordée aux bienfaits d'Internet et de l'intelligence artificielle.

Il y a néanmoins des expérimentations en direct, puisque passant à la télévision : les candidats rencontrent la personne qui leur convient le mieux, sélectionnée par algorithme, et on espère qu'ils vont se « marier au premier regard ». Le pays tout entier assiste à cet essai *in vivo*. Tous les candidats ont au moins en commun d'accepter de se prêter à cette expérience sans craindre le jugement et les critiques de millions de spectateurs intéressés par ces histoires d'amour d'un nouveau genre. On ne peut pas déléguer davantage le choix du partenaire sans craindre de se mettre tout entier en jeu, mais on connaît aussi un vedettariat auquel on avait peu de chance d'accéder autrement.

Quelles qualités rechercher ?

La notion de compatibilité intellectuelle serait finalement plus répandue qu'on ne le pense. *Femmes actuelles* en mai 2018 mentionne sur Internet un site de rencontre appelé OKCupid (par référence à Cupidon et ses délicieuses flèches, et non à un quelconque appât du gain) qui popularise depuis 2014 la « sapiosexualité », « terme utilisé pour définir les personnes qui considèrent l'intelligence comme principal facteur d'attraction sexuelle ». L'attirance sexuelle serait liée à l'intelligence. La recherche est publiée dans le journal scientifique *Intelligence* et une application Sapio serait même spécialement créée pour des rencontres amoureuses « intellectuelles ». On est loin des pédants à la conversation soporifique. L'approche serait séduisante, en théorie, mais tout le monde n'a pas la même conception de l'intelligence et il n'est pas sûr qu'une femme qui serait uniquement caractérisée par son intelligence soit considérée comme attirante… Il faudrait qu'elle soit par ailleurs dotée d'arguments de séduction plus convaincants, même si personne ne veut le reconnaître, ou bien un homme, qui n'a jamais saisi qu'il possédait aussi un corps dont il fallait prendre soin, pourra briller intellectuellement de mille feux, il risquera de rester isolé dans son Olympe éloignée de toute réalité physique. Pourtant, d'après le site, le physique n'arrive qu'en cinquième position. *Femmes actuelles* cite un sexologue, Arthur Spath : « Privilégier l'accès aux connaissances, à la culture, l'intelligence, c'est une évidence pour certains. » On se demande alors pourquoi les personnes douées rencontrent tant de difficultés pour nouer des relations amoureuses pleinement satisfaisantes.

Il faudrait en conclure que ce n'est pas l'intelligence pure qui constitue le ciment d'un couple, mais les qualités qu'elle entraîne : la finesse, la sensibilité, la générosité, et, naturellement, la capacité à réagir de façon adaptée dans des circonstances exceptionnelles, c'est-à-dire quand il n'y a plus de mode d'emploi à consulter pour quiconque.

Le souci de favoriser la rencontre de semblables serait universel : ainsi en Israël où garçons et filles font leur service militaire, s'appliquerait-on à regrouper ces jeunes gens en fonction de leur niveau culturel et social : les rencontres, et plus si affinités, seront alors bien plus intéressantes et fructueuses. Il est vrai qu'il serait dommage de ne pas mettre à profit une telle opportunité.

La capacité d'initiative inspire parfois des démarches originales : déçue du Web, une femme suisse a jeté dans les deux lacs proches de son domicile une bouteille contenant son message. Elle dit faire depuis « de belles rencontres[1] ». On aimerait bien connaître la suite de cette entreprise intéressante. Peut-être fera-t-elle des émules…

En Californie, des étudiants de Stanford ont expérimenté un algorithme « pour trouver une solution au

1. Cette histoire a été racontée par le journal suisse *20 minutes* en août 2018.

problème du mariage stable » en définissant les éléments non négociables dans un couple grâce à une cinquantaine de questions. Ils attendaient deux cents réponses, ils en ont reçu quatre mille[1]. Dans le monde entier, chacun cherche sa moitié d'orange et le moyen le plus sûr d'y parvenir constitue une piste illimitée de recherche. C'est une quête éternelle, à chaque époque on s'est essayé à recourir aux moyens accessibles pour favoriser les rencontres, le bonheur de chacun rend les sociétés plus agréables à vivre : il inspire des raffinements dont tous peuvent profiter. Une cuisine élaborée est tout d'abord destinée à faire plaisir aux convives, le premier d'entre eux étant le partenaire. Soigner la décoration d'une maison, trouver des activités originales, toutes ces innovations, inaugurées au foyer pour le bien-être de l'autre, sont ensuite répandues dans la société. L'idée de départ n'est pas toujours uniquement commerciale, même si elle le devient d'une façon tristement réductrice. Une lingerie raffinée ne suffira jamais, mais son aspect esthétique n'est pas négligeable. Il n'est jamais neutre de la porter, elle reflète un état d'esprit…

Il n'y a rien d'étonnant à ce que les infinies possibilités offertes par l'informatique ouvrent des voies de recherches nouvelles : pendant des générations on se rencontrait entre proches voisins, peu à peu le champ s'est élargi pour devenir quasi planétaire et pourtant c'est toujours aussi difficile de rencontrer *la bonne personne*.

1. Cette étude est citée dans *L'Obs* du 16 août 2018 dans le cadre d'une enquête sur « la drague dans le monde ».

Une autre façon un peu plus détournée est utilisée : les forums où s'inscrivent des personnes partageant des centres d'intérêt identiques. Sans doute la plupart des participants espèrent un « plus si affinités » qui les enchanterait.

Si l'on tient à se cantonner dans son voisinage, on peut envisager de prendre un chien, dont la tendresse sans cesse vigilante permet de patienter en comblant un vide et aussi de rencontrer d'autres possesseurs de chien lors des promenades obligatoires. Le précédent, toujours intéressant à créer quand on cherche à établir une relation, est ici tout trouvé, le centre d'intérêt commun se passe de commentaires et de préliminaires prudents. Évidemment, il existe plusieurs catégories de possesseurs de chien, quelqu'un partageant sa vie avec un chihuahua n'a pas la même approche de l'existence que celui qui préfère un doberman, mais dans les formats moyens le choix est vaste. Il y a des rencontres réussies sous ces auspices canins.

Et encore aujourd'hui

Il existe encore des groupes sociologiques où de vraies « marieuses » reconnues officient. Rencontrée par hasard, l'une d'elles a réalisé, à son grand étonnement, qu'elle n'avait jamais tenu compte de la compatibilité intellectuelle de ses « clients » et elle a immédiatement reconnu l'importance évidente de cette donnée. Elle allait désormais la prendre en considération, heureuse de rendre sa fonction plus pertinente et plus efficace encore. On peut tout de même penser qu'elle en tenait tout naturellement compte, mais ce n'était qu'un critère parmi d'autres et certainement pas le plus important. Dans ces cas-là, on accorde facilement la primauté au milieu social, au niveau culturel et, naturellement, à la religion, puisque c'est pour être assurées d'en conserver la pratique que de telles institutions existent.

Seuls des éléments rationnels ont été pris en compte pour qu'une entente acceptable s'établisse, mais, dans ce genre de contexte, le couple est ensuite tenu par tant de règles et occupé par tant d'obligations qu'il poursuit sa route en refoulant les élans d'un cœur qui aurait sans doute préféré pouvoir s'exprimer plus librement.

Il lui reste alors les rêves et les belles histoires qu'on raconte dans les livres.

Le QI et l'amour

Autant l'amour constitue la plus grande source d'inspiration dans la littérature, autant celle consacrée à l'amour chez les personnes douées reste très pauvre. Il semble n'exister que de rares études.

Ainsi Nadine Kirchgessner dans son livre *Des femmes surdouées*[1] cite une étude américaine, non sourcée, montrant que le QI des femmes avait un impact sur leur vie maritale : « Plus le QI est élevé, moins elle a de chance de se marier. Une augmentation de 16 points réduirait de 40 % ses chances. Les hommes connaissent un autre destin avec leur intelligence.

1. Nadine Kirchgessner, *Des femmes surdouées*, Les Éditions du Net, 2014, réédité en 2018.

Une augmentation de 16 points de leur QI augmente leurs chances de se marier de 35 %. » Et elle ajoute : « La douance et l'amour sont peut-être deux choses difficiles à vivre, ce sont deux choses presque en confrontation. » Il s'agit d'une donnée statistique : 16 points correspondent ici à un écart type de la moyenne dans la distribution des notes à un test précis sur la courbe de Gauss. Cette courbe en forme de cloche, donc parfaitement symétrique, rend compte, dans le test considéré, de la répartition des notes obtenues par un échantillonnage représentatif de la population d'un pays. Il peut s'agir seulement de résultats obtenus dans une situation précise, telle que la réussite à un test comme un jeu d'adresse par exemple ou toute autre activité où les résultats sont forcément inégaux en fonction des capacités de chacun. Un grand nombre de personnes se situent dans la moyenne, mais plus on s'approche des extrémités et moins il y a de monde. Ce type de distribution est valable pour des données telles que la taille par exemple, ou, en principe, les salaires.

Il s'agit d'une étude américaine où la notion de QI est beaucoup plus répandue et parfois prise en considération dans le parcours professionnel. On partirait du principe que les hommes ayant un QI plus élevé occupent une position sociale en accord avec leurs dons, gagnent mieux leur vie et, dans ces conditions, trouvent plus facilement une partenaire, ce qui ne signifie pas que ce couple soit parfaitement assorti, mais ces hommes doués peuvent s'insérer dans un modèle conforme aux critères de la société, on ne se pose pas de questions à leur sujet et leur travail leur procurerait les satisfactions intellectuelles indispensables à toute personne douée. Les études ne précisent pas si ces mariages sont heureux…

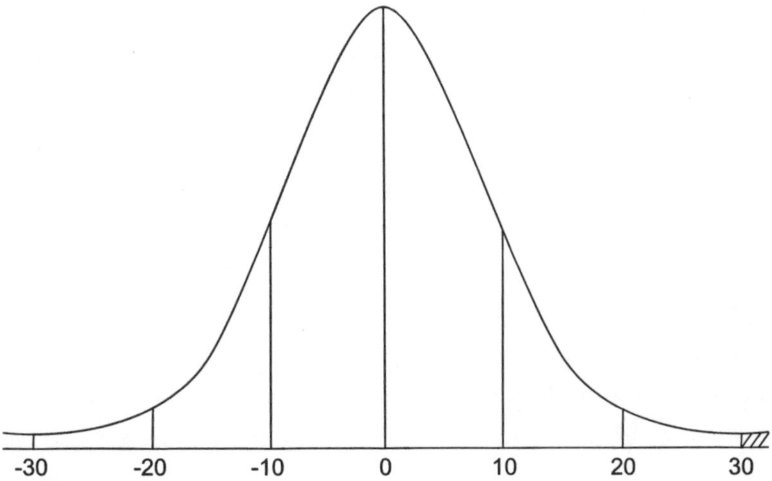

Les personnes douées se situant à l'extrémité de la courbe de Gauss.

Seuls quelques révoltés mènent une vie de vagabond en écrivant parfois des chefs-d'œuvre.

Il semblerait toutefois que dans un pays où le QI constitue une valeur reconnue, les femmes douées rencontrent des problèmes identiques à ceux de leurs égales européennes. On dira qu'elles sont trop difficiles ou trop exigeantes.

C'est, d'ailleurs, le reproche qu'on adresse le plus souvent aux personnes douées, et surtout aux femmes : une exigence insensée, folle, à l'évidence impossible à satisfaire. Il n'y a, donc, rien d'étonnant à ce que ces personnes trop difficiles restent seules, alors qu'elles sont entourées d'admirateurs qui ne demandent qu'à faire leur bonheur. Ce sont de « braves garçons » leur dit-on, mais elles rêvent de nobles chevaliers ou bien de magiciens qui sauront toujours les éblouir.

Le livre de Nadine Kirchgessner propose de très nombreux témoignages de femmes ayant découvert qu'elles étaient douées, le plus souvent après avoir fait passer un test à leur enfant. Elles ont reconnu quelque chose d'elles, elles se sont autorisées à retrouver des souvenirs d'enfance, elles ont lu un peu de littérature consacrée à ce sujet et elles désirent approfondir leurs recherches en passant elles-mêmes un test.

Il est curieux que ces témoignages évoquent très rarement une vie amoureuse, alors que ces femmes se confiaient de façon anonyme dans une démarche qui avait de l'importance pour elles, d'autant plus qu'elles s'adressaient à des semblables et pouvaient se montrer tout à fait franches. Ces confidences qui les soulageaient ne risquaient pas de se retourner contre elles. Il n'est pas possible que *tous* ces enfants ayant passé ce test qui avait alerté leur mère sur sa propre histoire aient été le fruit d'une brève étreinte, ces femmes ont eu une vie amoureuse, beaucoup ont été mariées et le sont encore ou ont vécu quelques années en couple, or celles qui témoignent mentionnent à peine leur vie amoureuse, comme s'il s'agissait d'un aspect de moindre importance.

Doris Perrodin-Carlen[1] fait un constat semblable dans son livre *Et si elle était surdouée* : « La majorité des femmes vivent aujourd'hui encore des conflits non résolus entre leur féminité, leur réussite professionnelle et leur autonomie. C'est souvent le lourd tribut qu'elles paient pour leur relative indépendance intellectuelle[2]. » Elle ajoute : « Statistiquement,

1. Doris Perrodin-Carlen, *Et si elle était surdouée*, Édition SZN/CSPS, 2015.
2. Sally M. Reis, « Gifted girls, twenty years later : Hopes realized and new challenges found », *Roeper Review*, 2003, 21 (4), p. 154-158.

dans les échelons supérieurs de leur carrière professionnelle, quatre fois plus de femmes que d'hommes renoncent au mariage. En outre, trois fois plus de femmes mariées et éminentes que d'hommes de même statut décident de ne pas avoir d'enfant[1]. »

La situation des femmes à l'incontestable réussite professionnelle

Si elles n'ont pas eu la chance de le rencontrer dans leur prime jeunesse avant que leur trajectoire professionnelle ne les envahisse, les femmes douées feraient alors souvent le deuil de l'amour : il n'est plus l'essentiel, l'urgence n'est pas là, il leur faut s'accommoder de tant de contraintes, satisfaire tant d'exigences, s'adapter à tant d'impératifs qu'elles oublient de laisser poindre un sentiment. Il pourrait constituer une faiblesse, les émotions sont parfois dévastatrices... Elles remettent alors indéfiniment à « plus tard » cet aspect de l'existence, lorsqu'elles seront moins bousculées, quand leur absence au travail ne les pénalisera pas, quand il y aura moins de jeunes loups guettant une faille où ils s'engouffreront avec gourmandise. C'est à peine si elles sont tourmentées par l'échéance de cette fameuse « horloge biologique » qui tourne inexorablement. Des entreprises pleines de sollicitude pour leurs salariées proposent de congeler leurs ovocytes, le problème est donc résolu, l'horloge tourne désormais au ralenti.

1. Ellen Winner, *Surdoués. Mythes et réalité*, Aubier, 1998.

Quand ces femmes abandonnent la recherche de l'amour, en l'ignorant délibérément, les hommes sont démunis. S'ils se lancent dans une démarche propre sans jamais rencontrer de semblables, ils cesseront très vite cette quête romantique, pratiquement vouée à l'échec en l'absence délibérée des femmes qui auraient pourtant été de précieuses et appréciables partenaires, mais elles ont préféré bloquer des manifestations sentimentales considérées comme des faiblesses à combattre rapidement.

Dans la réalité, l'éventualité d'une rencontre possible est faussée : à niveau égal dans une entreprise, les hommes sont mariés et pas forcément divorcés. Ces histoires d'amour là sont de telles sources d'ennuis, de complications, de souffrances aussi qu'il est préférable de les éviter. Les sages se gardent bien de toute relation de cet ordre au travail. Elle ouvrirait la porte à des soirées amères et solitaires égayées par quelques autres, volées à un horaire strict et bâties sur des alibis qui se révèlent parfois dramatiquement boiteux.

En outre, certaines entreprises ont conservé un zeste de puritanisme qui les fait considérer d'un œil très critique ce genre de relations, nuisibles au rendement à cause des troubles émotionnels qu'elles provoquent. Pourtant, la proximité quotidienne, les émotions partagées qu'il s'agisse de joie après une réussite particulièrement difficile à atteindre ou de déception quand un labeur obstiné n'a pas donné les fruits qu'on en attendait favorisent un rapprochement surtout quand le mode de pensée est identique. Vivre intensément une victoire ou se remettre après un échec n'ont pas la même coloration quand on est deux à ressentir au même moment des émotions semblables.

Quelques expériences malheureuses ont fini par conforter ces femmes dans la conviction que la vie amoureuse ne les concernait pas, mais elles pouvaient alors compenser ces douloureuses déconvenues par une réussite dans d'autres domaines, abordant ceux habituellement considérés, jusqu'à il y a peu, comme plus spécifiquement masculins.

On pense alors irrésistiblement à la phrase de Madame de Staël, abondamment citée : « La gloire elle-même ne saurait être pour une femme qu'un deuil éclatant du bonheur. »

Il est d'ailleurs surprenant de voir comment des femmes belles, talentueuses, dynamiques, n'ont connu qu'une vie sentimentale décevante, pauvre, frustrante. En y renonçant, elles n'ont pas l'impression de consentir à un grand sacrifice. Elles ont refoulé au plus loin leurs rêveries de jeunes filles, car existe-t-il une jeune fille qui n'ait pas nourri en secret des rêves romantiques ? Nombre de romans les alimentent abondamment, les héroïnes sont aussi belles, talentueuses et dynamiques, il est difficile de ne pas s'identifier à elles. Souvent, elles font courageusement face à une adversité têtue et savent rester admirables, mais ce sont des romans et l'histoire finit bien, simplement cette issue heureuse a connu quelque retard, le temps d'un roman. À la fin du livre, elles rencontrent forcément un homme qui sait reconnaître et apprécier leurs qualités, parce que lui-même en possède de semblables ; on lit avec plaisir et soulagement l'évocation de cette harmonie que chacun peut savourer après tant de vicissitudes. Il s'agit, bien entendu, de fiction, mais sa lecture a offert un moment d'évasion vertigineuse. La meilleure définition du roman a été donnée par Guy Des Cars, « une reine qui a des malheurs ». Imagine-t-on une reine un peu gourde, empotée, obtuse ? La reine, par définition, est douée et ses malheurs sont à la mesure de ses dons. Les romans noirs et les romans policiers ramèneraient apparemment à un réalisme désabusé : un de leurs thèmes de prédilection reste de redoutables femmes vénéneuses, mais d'une éblouissante beauté, tentant de séduire un détective revenu de tout, pourtant resté très romantique malgré toutes ses expériences.

Les femmes qui font le sacrifice de leur vie sentimentale n'ont généralement pas été reconnues comme douées : Doris Perrodin-Carlen parle de « décalage de reconnaissance ». Ignorant leur particularité, il leur est plus difficile de se sentir l'égale d'hommes talentueux à un âge où on fonde un couple.

Il arrive que des couples aient la chance de se rencontrer très jeunes dans la même grande école, la même faculté ou, au tout début de la vie professionnelle, dans un milieu propice. Certains se sont même connus au collège ou au lycée : ceux-là n'ont même pas songé qu'il existerait peut-être quelqu'un qui leur conviendrait mieux. Ils se sont immédiatement reconnus. Dans ces cas-là, la question du don intellectuel ne se pose pas avec acuité, elle peut surgir à propos des enfants, sans troubler leurs parents : ils veulent bien faire partie des personnes douées, puisqu'on le leur affirme, l'essentiel, pour eux, est de bien comprendre leur enfant, de le rendre heureux. Ils se reconnaissent, en effet, dans ses réactions et ils mentionnent alors des cousins, des nièces et neveux qui ont passé un test, mais cette donnée leur reste étrangère : ils s'en sont bien passés jusque-là. Ce sont des histoires rares et les heureux protagonistes savent généralement savourer cette chance qu'ils apprécient de plus en plus quand ils voient les couples de leur entourage se défaire à cause de multiples malentendus qui les rongent peu à peu.

Il faut tout de même se garder de décrire de façon trop idyllique ces couples tôt formés : parfois, le manque total d'expériences différentes paraît tout à coup inconcevable à l'un ou l'autre des protagonistes, surtout à l'occasion d'une crise, comme en traversent de nombreux couples. Il est alors tentant de rattraper ces lacunes, avec les conséquences, éventuellement désastreuses, que ces escapades peuvent provoquer.

Plus souvent encore, ils se sont rencontrés quand ils n'avaient pas encore terminé leur évolution et leurs routes respectives se sont imperceptiblement et inexorablement écartées jusqu'au moment où ils ont eu l'impression de vivre avec un étranger présentant une lointaine ressemblance avec leur amour d'autrefois. Cette fois, se situer dans la même partie de la courbe ne suffit pas.

Oser se reconnaître femme douée

Les femmes douées ne sont pas souvent reconnues comme telles. Les femmes adultes actuelles ont rarement passé des tests dans leur enfance. Si un enfant passait ces tests dans leur famille, c'était généralement un frère parce qu'il était d'un caractère difficile ou qu'il posait un problème particulier. On le découvrait « doué » et c'était considéré comme la source de ses difficultés. Les filles, sages et calmes, ne présentaient aucune difficulté de quelque ordre que ce soit, elles n'étaient donc pas « douées » et on en restait là. On peut espérer que cette situation se modifiera avec le temps, progressivement ; il ne faut pas attendre de miracle. La notion de don intellectuel se répand : il y a, depuis peu, autant de filles que de garçons passant des tests.

Elles disent « J'étais une bonne élève, c'était facile », elles ont fait des études plus poussées si elles avaient la chance d'être dans un milieu où il était naturel que tous les jeunes gens, garçons ou filles, fassent des études, mais elles n'ont jamais été identifiées en tant que personne douée. C'est donc beaucoup plus difficile pour elles de se connaître dans leur spécificité, il leur manque un fil conducteur, une piste claire. Elles ne peuvent pas savoir pour quelles raisons leurs histoires sentimentales tournent si mal : sans doute n'ont-elles pas bien saisi comment il faut procéder, elles ont surtout l'impression affreuse et déprimante de ne pas être comprises, de rester à côté de la route empruntée par le plus grand nombre. Peut-être sont-elles un peu détraquées, ou trop originales pour suivre la voie ordinaire empruntée tout naturellement par les jeunes filles de leur âge.

Cette méconnaissance de soi entraîne des conséquences qu'on n'aurait pas attendues : *Femmes Plus* cite une étude menée par Gleeden : 27 % des femmes mariées seraient prêtes à tromper leur époux avec une personne du même sexe. Une femme témoigne : « Sexuellement, je n'étais pas satisfaite et dans le reste de la relation non plus. » Les femmes auraient une demande plus subtile, elles chercheraient alors des réponses ailleurs et pourquoi pas une femme dont on peut espérer une plus grande compréhension. Ce ne sera pas forcément cette similitude-là qui apportera la satisfaction attendue, mais comment chercher un semblable quand on ne se connaît pas ?

Difficile de se dire douée

Il est réellement difficile pour une femme de se reconnaître douée. On dit « Ah les femmes douées, il en est d'admirables ! » et de citer celles qui éclipsent toutes les autres : Marie Curie, impossible à égaler, Marilyn Monroe, difficile à imiter, Alexandra David-Néel dont on se demande comment elle a pu parcourir de telles distances dans des conditions inconcevables, des reines, comme Catherine de Russie ou Christine de Suède, et Cléopâtre qui fait encore rêver, des saintes comme Thérèse d'Avila ou Thérèse de l'Enfant Jésus, nommées docteur de l'Église, titre auquel les femmes n'ont pas droit en principe, et surtout notre magnifique Jeanne d'Arc. Les femmes écrivains sont pléthore : Madame de La Fayette, Colette, Françoise Sagan qui est une quintessence de femme douée et les reines du polar qui nous font frissonner avec tant de talent. La liste est prestigieuse et interminable. Par goût de l'insolite, citons aussi Hedy Lamarr, dont on disait qu'elle était la plus belle femme du monde : en équipe avec un musicien elle a mis au point un système de transmission de données dénommé « saut de fréquence » encore en usage actuellement pour les liaisons militaires chiffrées, la téléphonie mobile et la technique du Wifi. Ses mérites ne lui ont été reconnus qu'à la toute fin de sa vie.

Quand elle songe à cette éventualité, la femme douée ordinaire se dit : « Je suis nulle en physique, je ne ressemble pas à Marilyn Monroe, je ne saurais pas conduire une armée ni diriger un royaume, la théologie me laisse désarmée, je ne me vois pas écrivant un livre marquant, je ne suis certainement pas douée. »

Personne ne s'étonne des dons utilisés au quotidien par les femmes. On dit : « C'est une excellente cuisinière », trouvant normal qu'elle agrémente ou invente des recettes, poussée par son désir de faire plaisir à ses convives sans remarquer son art de manier les saveurs, les épices et de réussir les cuissons avec une admirable précision.

Son intérieur reflète sa personnalité, harmonieuse et belle, elle répare les objets cassés, peint ou tapisse de vieux meubles, mais c'est le propre d'une bonne maîtresse de maison d'être attentive à son esthétique. Elle sait aussi rédiger les lettres délicates, elle a « une jolie plume ».

Ces femmes présentes avec autant de talent que de discrétion sur tant de fronts se sentent souvent épuisées : elles ne s'en étonnent pas puisque la somme de toutes leurs activités justifie pleinement cette fatigue. *En réalité, c'est celle d'un nageur qui serait contraint de nager à contre-courant en pensant qu'il n'a pas le choix et qu'il est obligé de suivre l'unique voie possible.*

Fatigue existentielle

Les femmes qui doivent ainsi interminablement batailler finissent par avoir l'impression que leurs forces les abandonnent, elles se laissent aller à pleurer à cause de cette fatigue écrasante. « Dépression » dit-on, et on leur prescrit les médicaments appropriés. Cette fatigue vertigineuse ne s'abat pas seulement sur les femmes qui doivent cumuler travail à l'extérieur et foyer familial à entretenir, elle peut tout aussi bien ronger les forces d'une femme vivant seule et contrainte de se battre en même temps sur plusieurs fronts. Sans la protection plus ou moins réelle d'un homme, leur solitude les rend plus vulnérables.

Ces femmes pleurent sur le constat du fossé insondable entre ce qu'elles vivent et ce qu'elles ressentent. Il leur est impossible d'évoquer avec précision la nature et l'ampleur de ce fossé. Les mots leur manquent pour décrire la notion de cohérence parfaite et très élaborée qui les habite au plus profond d'elles-mêmes et qui semble étrangère aux autres. Elles ne peuvent transmettre à quiconque ces sentiments sans les fausser et donc les trahir. Pourtant c'est une notion qui leur a toujours été familière, mais elle prend soudainement une douloureuse acuité.

Leurs larmes mêmes ne sont pas comprises comme la manifestation d'une détresse insondable que les mots ne peuvent pas décrire. Ces larmes qui les inondent viennent de si loin qu'elles semblent intarissables. Chacune contient un univers de chagrins jamais racontés.

Une femme douée qui ignore son don ou qui en a seulement une connaissance purement intellectuelle ne peut pas retrouver l'origine de ses larmes. Ce sentiment de désolation intérieure l'effraie d'autant plus qu'elle ne sait pas ce qui l'a provoqué. Elle sait seulement qu'elle a toujours semblé bizarre pour son entourage : on l'a qualifiée de capricieuse, d'extravagante, de femme fantasque et impossible à comprendre, elle finit par se croire folle et le malaise qui la gagne maintenant avec une intensité nouvelle ne serait peut-être que la manifestation de cette « folie » devenue impossible à maîtriser. Elle entend dire qu'elle a toujours été imprévisible, comme le sont les femmes, et cela ferait partie de leur charme, mais, cette fois, elle dépasse la mesure.

Le spectre de cette « folie » qui pourrait la toucher lui donne la force d'avoir un sursaut et de se reprendre, un peu malmenée, avec une sensation de fêlure trop profonde pour être réparée. Elle repart à l'assaut de cette réalité du quotidien qu'elle a tant de mal à accepter sans qu'elle en comprenne vraiment les raisons. L'image qu'elle a d'elle-même reste incertaine, elle ne sait pas comment les autres la voient ; seule sa présence physique est perçue.

Une armure nécessaire

Dans ce désarroi qui les étourdit, les femmes ont l'immense avantage de pouvoir recourir au maquillage. On aurait tort de croire qu'il s'agit de manœuvre de séduction, il constitue en réalité une armure indispensable. Toutes les personnes douées, en fait tout le monde, mais les personnes douées plus que les autres, ont besoin d'une armure pour affronter le monde extérieur. Leur difficulté à acquérir le bon mode d'emploi les oblige à se protéger de façon plus efficace. On peut donc considérer comme une chance la possibilité d'exercer un certain pouvoir sur son apparence physique, de surcroît, avec les encouragements de la société qui fournit abondamment tout le matériel nécessaire, accessible à tous les budgets. Grâce à ce pouvoir, exercé avec la bénédiction de tous les journaux féminins et l'avalanche de conseils qu'ils prodiguent, il est plus facile de donner le change, de protéger sa personnalité véritable : on verra seulement ce que la femme douée a envie de montrer d'elle. Aidée par cette armure, bien à l'abri, elle parviendra à continuer sa route « quand même », comme disait Coco Chanel qui en avait fait sa devise, en se battant si nécessaire, mais en restant fidèle à l'image qu'elle veut donner d'elle.

Il sera néanmoins toujours aussi fatigant de montrer la face de sa personnalité qui convient à la situation, de discerner dans l'instant, parmi les multiples rôles, celui qu'il faut choisir parce qu'il offre l'armure la plus efficace dans un mode de vie où on ne peut se permettre la moindre distraction. Se tromper de rôle, parce qu'on s'est laissé abuser par des paroles fallacieuses, peut entraîner des conséquences dramatiques, et peut-être irréversibles, avec une image à jamais entamée.

L'importance de l'amitié

Seules des femmes douées sauraient comprendre cette détresse spécifique sans s'en étonner et sans lui plaquer des explications toutes faites : elles aussi connaissent ces plongées dans un monde obscur, boueux, glacial parfois. Elles non plus ne savent pas l'évoquer de façon précise et accessible pour quelqu'un qui ignorerait tout de ces drames-là.

L'empathie propre aux personnes douées permet de comprendre l'autre sans qu'il soit obligé de se lancer dans une description, forcément réductrice, des émotions violentes, mais tellement refoulées, qui se traduisent par des larmes incoercibles quand elles débordent, parfois déclenchées par ce qui apparaîtrait comme une vétille, totalement insignifiante.

L'amitié entre femmes douées est la plus précieuse de toutes, elle s'impose immédiatement et ne déçoit pas. Elle apporte le soulagement d'être comprise dans sa totalité, sans jugement critique d'une réaction qui pourrait surprendre, alors qu'elle s'inscrit dans cette cohérence profonde où elle correspond même peut-être à un élément essentiel. Cette amitié accompagne, soutient au besoin, elle apporte la sympathie teintée de complicité qui se passe de mots. Ces amitiés doivent être entretenues, elles sont rares et indispensables par la chaleur qu'elles procurent. Même l'homme le plus amoureux ne saura pas forcément saisir ce noyau d'affliction si profondément enfoui, mais tout sera beaucoup plus facile s'il peut en percevoir l'existence et en tenir compte sans le nier ou le moquer comme un stupide reliquat d'enfance.

Des femmes racontent que, pour la première fois de leur vie, elles ont une amie, une véritable amie, et elles savourent ce plaisir inconnu jusque-là : elles se sont connues sur Internet par ces blogs où on peut s'exprimer et, depuis, elles connaissent cette entente immédiate et totale alors qu'elles n'imaginaient même pas qu'une telle entente puisse exister. Il leur paraît miraculeux qu'un échange de cette sorte soit possible tant elles se sentaient singulières et donc absolument seules, sans espoir de rencontrer une semblable.

Cette sensation de solitude se retrouve tout autant chez des femmes qui semblent mener une existence classique de vie familiale : la conscience d'être bloquée par toutes sortes de devoirs impératifs peut devenir pesante, intolérable parfois, à cause de la sensation de piège impossible à défaire sans provoquer des dégâts qu'on n'ose envisager. Ce sentiment de solitude serait tout aussi présent et angoissant chez celles qui vivent seules : les amitiés véritables sont difficiles à nouer, la famille ne comprend pas toujours cette rebelle qui a refusé de suivre la voie ordinaire, elle la regarde avec une suspicion ostensible pour que cette fille bizarre comprenne bien que sa conduite est incompréhensible. Elle serait la seule responsable de sa situation.

On voit bien que le don intellectuel complique encore la situation des jeunes filles. Il faut se souvenir qu'il y a quelques décennies on pensait qu'un excès de diplômes leur ôtait toute séduction.

Toutes ces embûches que les femmes douées ont dû surmonter ne les empêchent pas de souhaiter vivre enfin un véritable amour, alors qu'on pourrait croire qu'elles ont adopté une posture défensive reflétant un cœur rationnel et froid.

Le point de vue des hommes

De l'aveu même des hommes parmi les plus doués, les plus attentifs, les plus à l'écoute, il est difficile, en fait, impossible, de comprendre complètement une femme. S'ils veulent rationaliser leur approche, ils se réfugient dans la littérature plus ou moins scientifique, elle leur apporte une caution, mais elle passe à côté de son sujet. « Je voudrais être plus intelligent pour mieux te comprendre », écrit Marcel Schwob, écrivain doué, à Marguerite Moreno, talentueuse comédienne. En réalité, seuls les hommes dotés d'une empathie particulière peuvent comprendre les femmes douées, non pas en réfléchissant, ni en raisonnant, et encore moins en cherchant des références chez les auteurs ayant abordé le sujet, mais grâce à leurs qualités d'intuition. Ils comprennent ces femmes par leur ressenti et ils osent s'y fier.

Plus que jamais, les deux partenaires doivent se situer dans la même partie de la courbe pour éviter des montagnes de malentendus, avec le risque d'éboulements fracassants qui étonneront toujours des hommes qui s'estimaient très présents et attentionnés.

C'est alors que chacun estime et apprécie véritablement les qualités de l'autre : il les discerne dans tout leur éclat, sans jamais fausser son regard.

Quel repos pour celui que se sent ainsi compris : plus que tout autre, les femmes peuvent alors avancer dans l'existence avec un sentiment d'assurance et une certitude toujours réconfortante.

« Aimer, ce n'est pas seulement aimer bien, dit Françoise Sagan, c'est surtout comprendre. »

Litt. "prendre avec"
Donc accepter l'autre comme
il est, et non pas comme l'on
souhaiterait qu'il soit.
c'est accepter cette vérité, accepter
les "défauts" de l'autre sans
le lui reprocher.
Pour cela, il faut peut-être
avant tout essayer de
"s'élucider", de se comprendre
, sans quoi il est peut-être
impossible de comprendre
l'autre : nous comprenons
peut-être de l'autre que ce
que l'on comprend de soi.

CHAPITRE II

La quête de soi

Il est indispensable de bien se connaître, c'est alors qu'on peut construire un couple durable.

Toutefois, la connaissance de ses goûts, de ses passions même, de ses réactions dans les circonstances ordinaires de l'existence ne suffit pas. Il est essentiel de savoir quelle manière de raisonner on adopte plus volontiers quand il s'agit de prendre une décision, d'opérer un choix ou bien de résoudre un problème inusité. À quels domaines accorde-t-on la priorité d'une façon si têtue qu'on n'y renoncerait pour rien au monde ? Y a-t-il une façon de vivre ou bien un cadre de vie qui apparaîtraient comme un cauchemar impossible à envisager ? Il faut commencer par se former de soi, avec ses goûts propres et ses incoercibles répulsions, une image nette, mais cette démarche est plus difficile pour les personnes douées : les modèles sont rares. On doit parfois longtemps tâtonner avant de parvenir à approcher de la réalité, et pourtant, en amour peut-être plus que dans d'autres domaines, cette image lucide et véridique de soi est indispensable. Il est fondamental d'avoir une conscience très claire de ses priorités en sachant qu'il n'est pas envisageable d'y renoncer. Parfois, des choix qui semblent non négociables pour l'un, restent négligeables, si ce n'est dérisoires, pour l'autre.

Quel mode d'emploi ? Question cruciale

Il apparaît bien qu'on ne peut construire un couple solide si on ne se connaît pas réellement soi-même. Celui qui pense qu'il est comme tout le monde, et qu'il n'a simplement pas eu de chance avec ses histoires d'amour, risque de souffrir encore longtemps de cette malchance persistante. Tous les indices pouvant mettre sur la voie du don intellectuel ne sont pas compris comme tels, mais bien plus souvent comme l'expression d'un malaise qu'on attribue à une fragilité cachée ou bien à une histoire personnelle mouvementée, ce qui n'empêche pas le charme spécifique des personnes douées d'opérer. Les idylles s'enchaînent, entrecoupées de périodes de calme imprégnées d'une mélancolie qu'il faut se garder d'amplifier accompagnée d'un sentiment latent de découragement. Ces idylles se construisent sur des bases incertaines, défaillantes. Quand on n'a pas de soi une image très claire, on devient trop dépendant de celle qui est renvoyée par la personne avec laquelle on est en train de nouer de tendres liens, mais cette personne ne porte pas forcément un regard très lucide ni très juste sur l'objet de son amour. C'est un sentiment qui déforme particulièrement cette sorte de regard. Au fond de soi, on projette sur l'autre une image idéalisée aux contours incertains, faussant une réalité qui devient floue, puisque chargée de tant de rêves, de réminiscences et de souhaits.

C'est une des raisons, parmi de multiples, qui rend indispensable cette connaissance spécifique de soi-même. Ignorer son don intellectuel rend excessivement fragile, les doutes deviennent envahissants, on ne sait pas quelle image l'autre se forme de soi : on aimerait apparaître sous son meilleur jour, mais quel serait l'angle le plus flatteur ? Les élans d'une personnalité généreuse, prodigue de ses dons, pourraient être mal compris et devenir des sujets de critique. On ne sait pas la valeur de ce qu'on offre. Les adultes doués ont toujours cette propension à ignorer le mode d'emploi de l'existence, les codes amoureux, subtils et complexes, plus encore que les autres. Une personne qui s'ignore douée constitue une proie idéale pour un pervers ordinaire.

Il est surprenant de constater avec quelle facilité les personnes douées éprouvent le sentiment d'ignorer de façon constante, récurrente, fondamentale même, ce mode d'emploi qui serait fourni à la grande majorité quasiment à leur naissance. Il leur manquera éternellement cette notice de base, si bien qu'elles peuvent avoir très souvent l'impression de n'être pas tout à fait finies, même si, peu à peu, elles se familiarisent avec les grandes lignes des comportements à adopter dans les situations les plus courantes. Les affaires de cœur n'en font évidemment pas partie.

Le plus souvent, ces personnes douées se sentent dans l'état d'esprit du conducteur égaré sur les périphériques aux embranchements incessants dans une ville inconnue : tous les autres automobilistes connaissent parfaitement les voies à emprunter, ils prévoient ces embranchements et ne se trompent jamais de file, leur assurance leur permet de rouler au maximum de la vitesse autorisée. Celui qui ignore l'itinéraire à suivre doit fournir des efforts insensés pour ne pas s'égarer malgré son état de détresse affolée, encore aggravée par l'impossibilité de s'arrêter, de demander de l'aide ou même seulement de ralentir. Cette image rend très exactement compte de la situation ordinaire, et totalement épuisante, des personnes douées dans des circonstances banales. Quand il s'agit de relations amoureuses, les voies se multiplient à l'infini et les panneaux deviennent de plus en plus rares et ardus à déchiffrer.

Il est très difficile de se défaire de cette conscience aiguë d'ignorer un certain mode d'emploi et aussi de la certitude d'un manque de savoir-faire qui serait inhérent à sa propre nature. Quand on considère son passé, on trouve beaucoup plus de preuves de sa médiocrité que de marques d'une vive intelligence. Les personnes douées ne sont pas très tendres avec elles-mêmes, elles ne voient pas pour quelles raisons les autres le seraient. Le malentendu leur est plus familier que la belle confiance. Plus tard, en compagnie d'une personne douée, l'entente sera implicite, mais il faut gagner en assurance pour arriver à ce paradis.

Jusque-là, elles auraient même la tentation de se résigner à une solitude qu'elles n'ont pas choisie, un peu comme si elles pensaient avoir tiré un mauvais numéro, les autres, *tous* les autres « se promènent dans la rue deux par deux », mais ceux « qui vont seuls dans les rues l'âme en peine », et que le destin aurait désignés comme d'éternels solitaires doivent subir ce sort honteux, qu'il leur faut paraître assumer avec force et même bonne humeur, en faisant semblant d'avoir délibérément choisi cette route parfois glacée, parfois balayée de tempêtes qu'il est préférable de ne pas évoquer en société. Il serait lassant et fastidieux de raconter les blessures qui ne cicatrisent pas, sinon à son thérapeute, désarmé face à tant de renoncements.

Seuls quelques humoristes peuvent évoquer ces aléas avec une réjouissante, mais aussi subtilement émouvante, dérision.

« J'ai toujours été dépressive, disent de jeunes ou moins jeunes femmes. J'ai suivi des thérapies, mais je reste encore mal à mon aise. » Les hommes parlent moins franchement de « dépression », mais le malaise évoqué est le même : une vie sentimentale ressemblant à un parcours erratique, ponctué d'échecs tous accablants et bloquant toute joie de vivre, comme si ce déroulement affligeant était programmé, même lorsque, au début, la situation semblait particulièrement favorable.

Serait-ce cette tendance dépressive qui conduirait immanquablement une histoire d'amour dans une impasse ou bien ces échecs répétés ont-ils provoqué cet état dépressif latent ?

Pour des raisons floues, ou échappant à la maîtrise des protagonistes, une histoire prometteuse se délite, la belle entente se fracassant sur le premier écueil.

La tentation est grande alors de chercher du réconfort dans des paradis artificiels où les douleurs s'apaisent et les souvenirs pénibles se diluent dans un brouillard bienheureux.

Se savoir doué n'est d'ailleurs pas suffisant, il faut aussi saisir tout ce que cette caractéristique entraîne. Parfois, un test a été passé dans l'enfance, mais il n'en a pas été tenu compte, ou bien dans une démarche d'embauche, mais ce résultat a été transmis négligemment, comme s'il s'agissait d'un élément parmi d'autres et de peu d'importance. Certains disent qu'il s'agit chez eux d'un rejet délibéré : ils refusaient d'envisager leur existence avec cette donnée dont ils ne savaient que faire, un peu comme on ne veut pas savoir qu'on est susceptible de développer une maladie difficile, voire impossible, à soigner : tenir cette menace à distance est une façon d'éviter l'angoisse. Ils estimaient leur vie bien assez compliquée pour ne pas ajouter cette notion qui leur paraissait incongrue. Cette attitude est souvent justifiée par l'image déplorable qu'on prête aux personnes douées : hautaines, suffisantes, décalées, et, de surcroît, vouées au malheur. La personne douée reste alors dans l'ignorance de sa spécificité. Cette dernière peut être assimilée et comprise de l'intérieur uniquement par une démarche personnelle de recherches patientes, mais aussi critiques, pour éviter de se lancer dans des voies inquiétantes. Internet apporte une multitude d'informations sur le sujet, au point de donner le tournis et de noyer celui qui est à la recherche de lui-même. Il est préférable d'avancer précautionneusement sans jamais se défaire d'une certaine méfiance. On ne doit pas se forcer pour se reconnaître dans une description, au contraire, on se dit : « Je me reconnais à chaque ligne, j'aurais pu écrire ce texte, ces évocations sont lumineuses. » Ensuite, on se garde bien de développer l'argumentation qui vient à l'esprit : « Si je me reconnais, tout le monde doit se reconnaître, tout le monde n'est pas doué, donc je ne suis pas doué. » Les personnes douées sont souvent tentées par ce genre de syllogismes boiteux et faussement limpides, surtout quand il s'agit de se dévaloriser.

Parfois, elles se rassurent, si l'on peut dire, en pensant qu'elles ne sont certainement pas douées parce qu'elles n'ont pas appris à lire seules à 4 ans, ou bien parce qu'elles n'étaient pas particulièrement brillantes en classe, ou même parce qu'elles avaient trop d'amis pour être considérées comme des solitaires éternellement incomprises, puisque cette évocation semblerait une des caractéristiques essentielles des personnes douées.

Pour beaucoup, il leur a fallu s'engager dans de multiples impasses, alors qu'elles pensaient avoir enfin trouvé une voie prometteuse ou une explication subtile, logique et compliquée à leur malaise, se heurter à des murs désespérants d'incompréhension, au moment où elles croyaient percevoir un écho à leurs pensées et à leurs émotions, se sentir soudainement isolées quand elles se rassuraient à l'idée d'être entourées d'amis, avant d'oser envisager cette explication qui leur paraît d'une audace inouïe : peut-être, après tout, sont-elles douées comme le leur suggèrent quelques personnes de leur entourage ou bien rencontrées fortuitement, mais d'une façon finalement providentielle. C'est alors qu'elles peuvent partir à la découverte d'elles-mêmes et apercevoir enfin une lueur chargée d'espoir.

Reconnaître et accepter sa spécificité : les données de base

L'existence devient plus facile quand on a de soi une connaissance plus fine et plus sûre. On se laisse moins prendre aux mirages d'une relation trop vite nouée. On se ménage, on évite les orages dévastateurs qui laissent les deux partenaires exsangues. C'est un tort de penser qu'il suffit de se savoir doué pour se connaître intimement. On doit bien se garder de se laisser piéger par des rumeurs, des idées fausses, des plaintes parfois, il est impératif de se construire de soi une image fidèle à la réalité, mais il n'y a pas de modèle tout fait et ce serait une erreur d'en rechercher un et de s'y conformer comme s'il s'agissait d'une notice d'utilisation.

Se connaître pour faire les bons choix amoureux

D'emblée, une vérité s'impose, même si elle peut sembler choquante tant elle va à l'encontre des idées qu'on s'efforce d'inculquer à propos de la valeur de la différence : dans ce cas précis, les deux partenaires doivent impérativement se situer dans la même partie de la courbe de Gauss (p. 33), sinon il s'agit d'un accommodement incertain. Au quotidien et au long cours, cet accommodement deviendrait une intolérable contrainte pour chacun d'eux.

En dépit de l'image vacillante que les personnes douées ont d'elles-mêmes, elles possèdent tout naturellement une certaine exigence, ou, du moins, elles se comportent d'une façon qui peut apparaître comme l'expression d'une exigence plus grande : en fait, elles ne conçoivent pas qu'on ne puisse pas comprendre ce qui leur paraît tellement évident. Il faut avoir vraiment l'esprit ailleurs pour ne pas avoir saisi l'essentiel d'une situation par exemple ou bien les raisons entraînant une certaine réaction ou encore les causes d'un événement. Elles s'étonnent, d'une façon qui pourrait sembler choquante, comme si un abîme se creusait tout à coup entre les deux partenaires, chacun de son côté, séparés par une faille insondable. Ce serait une exigence intellectuelle qui n'est pas du tout consciente, mais, pour celui qui n'a pas compris cette évidence, la réaction stupéfiée de l'autre résonne comme un rejet dans les ténèbres extérieures où s'agitent ceux qui ne comprendront jamais rien. Il faut du temps pour se remettre de ce soudain brouillard qui trouble sa propre image tout à coup pulvérisée par un défaut d'entendement difficile à se pardonner.

Si cette incompréhension survient trop souvent, celui qui tarde à réagir commence à subir une tension peu favorable au bon équilibre du couple. Les gens doués ne savent pas qu'ils peuvent parfois apparaître d'une exigence insupportable. En réalité, chacun possède ses domaines de prédilection, à bien y réfléchir, chacun fait preuve de finesse et de vivacité dans certains types de raisonnement, ils se complètent, mais on ne peut pas tenir un compte exact des supériorités respectives dans un match interminable qui durerait des années. On est conscient de cette tendance à se montrer parfois exagérément exigeant et on s'impose un frein. Il est tout de même préférable d'éviter de laisser s'accumuler les situations qui peuvent devenir explosives à la longue. Les évoquer ensuite à froid désamorce les rancunes avec plus ou moins de bonheur en fonction du degré d'exaspération de celui qui a eu l'impression de s'adresser à une bûche.

Partager un langage commun

Le rôle du langage, essentiel pour les personnes douées, est primordial. Déjà les enfants possèdent très tôt le sens du langage, le goût du mot juste, de la syntaxe exacte : ils ont très vite compris que le langage reflète la pensée et ils ne veulent pas trahir la leur par des mots inappropriés ou par une construction grammaticale qui fausserait leurs propos. Le conditionnel, et tout ce qu'il implique d'incertitudes, leur est vite familier.

Il est bien préférable, dans un couple, que les deux partenaires usent de la même façon de s'exprimer : un langage trop flou, des mots recouvrant des notions trop vagues, un jargon qui ne veut plus rien dire ne permettent pas de passer un message cohérent et clair. C'est parce qu'on s'exprime d'une façon semblable qu'on peut se comprendre à demi-mot et même surtout sans mot du tout. Cette entente-là est précieuse, essentielle, indispensable, elle ne s'acquiert pas par apprentissage, elle s'établit d'elle-même : les références sont les mêmes. Il serait terriblement réducteur de s'en tenir à des mots passe-partout pour exprimer ses émotions, ses sentiments, tout domaine où la finesse est indispensable, où la nuance est primordiale. À la longue, le dialogue se vide de son sens à l'image de certains discours qui ne résistent pas à l'analyse : ils ne veulent rien dire, mais le jargon utilisé leur conférerait un certain brillant abusant l'auditeur crédule et distrait. Dans un couple mal assorti, où l'usage du langage n'est pas identique, l'expression de la pensée devra obligatoirement rester convenue et banale pour être comprise.

Parfois ce langage peut devenir une arme redoutable : des techniques de manipulation douces sont parfois utilisées pour amener l'autre à réagir comme on le désire, uniquement en ayant recours à des formulations précises d'apparence anodine. Ce serait un genre de billard verbal.

Certains, pour retrouver une supériorité qu'ils craignent menacée, reformulent systématiquement le discours de leur partenaire, comme si ce dernier était incapable d'exprimer sa pensée de façon claire et cohérente à cause d'une faiblesse inhérente à sa nature : ses paroles, proférées dans une bouillie maladroite, devraient impérativement être décryptées et traduites pour devenir compréhensibles. Cette technique, adoptée dans des stratégies de négociation, peut être mortelle pour un couple.

Le plaisir de la conversation doit demeurer intact, c'est un précieux atout dans une vie à deux. C'est une joie sans cesse renouvelée de surprendre l'autre par des remarques inattendues, des idées folles, mais dont on peut discuter sérieusement, des scénarios improbables inspirés par un événement ordinaire ou encore par une plaisanterie qui sera immédiatement comprise et appréciée au lieu de susciter une réaction outrée par tant d'apparent mauvais goût. Il existe des calembours enchanteurs. Si le goût de la lecture est partagé, certains héros de roman acquièrent une dimension mythique. Ils servent d'exemple, de référence, voire de conseillers. C'est un bonheur de partager cet imaginaire-là.

Cette affirmation selon laquelle les deux partenaires doivent se situer dans la même partie de la courbe suscite parfois des réactions indignées, considérant qu'il est inacceptable et profondément choquant de classer les gens de cette façon en apparence définitive et brutale, alors qu'un respect des différences assurerait tout aussi bien la cohésion d'un couple. On dit même sur le ton de supériorité employé quand il s'agit de parler des personnes douées : « Si elles sont tellement intelligentes, elles peuvent comprendre les autres et s'adapter. » On semble méconnaître la fatigue provoquée par cet éternel respect entretenu au cours des années. « S'adapter » constamment use les forces en dépit de la meilleure bonne volonté. Les personnes douées dépensent déjà beaucoup d'énergie pour s'adapter à la vie ordinaire, il est bien préférable qu'elles puissent agir avec naturel au sein de leur couple. Se comporter « comme si » tout allait bien alors que chacun s'applique à faire des concessions, forcément incessantes, est épuisant pour les deux partenaires. Une vigilance de tous les instants serait indispensable, et donc complètement utopique.

De petites failles surgissent, se creusent, il ne faut pas un grand choc ensuite pour qu'elles éclatent avec une brutalité pas tellement surprenante quand on considère ce couple finalement flageolant. Ne serait-ce que l'humour qui doit bien être identique. Le sentiment de profonde complicité né d'une remarque humoristique savourée par les deux constitue un ciment sûr. Le rire est encore plus franc lorsqu'il y a un deuxième, un troisième, un énième degré qu'il fallait saisir. Qu'y a-t-il de plus sinistre qu'une plaisanterie qui tombe à plat, sans réveiller la moindre lueur dans le regard de l'autre, ou bien qu'une affligeante blague scatologique qui renvoie aux années de Maternelle, et, plus précisément aux autres enfants de Maternelle, parce que l'enfant doué, dès le début de son existence, était plus poète et rêveur qu'amateur de ce genre d'amusement. Ses jeux de mots ont toujours été d'une autre envergure. Le rire partagé rend plus intelligent, plus aimable et plus beau.

C'est toute la conception de l'existence qui est remise en question au travers de ces questions de langage et d'approche des situations : *la vie à deux est un partage profond et joyeux*, chacun puise son énergie dans les mêmes émotions esthétiques, dans une même contemplation de la beauté.

Chacun doit se sentir pleinement compris par l'autre : le reflet qu'il lui renvoie doit correspondre à ce qu'il sait de lui. Cette entière compréhension est indispensable, sinon les malentendus troublent une entente essentielle. *Il est impératif de renvoyer à l'autre une image dans laquelle il se reconnaisse. C'est la base de toute relation harmonieuse.*

Se sentir en harmonie

Au printemps 2016, Mensa, cette association internationale regroupant les personnes ayant obtenu un QI supérieur à 132 à des tests d'intelligence logique, a publié dans sa revue tout un dossier sur les relations amoureuses avec des interviews de couples qui s'étaient connus à Mensa. Tous disaient leur bonheur de se sentir enfin en harmonie avec leur conjoint après des années de galère. Il en ressortait que l'assurance de savoir que l'autre possédait les mêmes caractéristiques permettait de s'avancer en terrain plus sûr. Il y avait au moins un préalable assuré, qui, à la réflexion, relève de la plus élémentaire prudence. Toute la suite se déroulait naturellement grâce à cette certitude.

À trop s'appesantir sur les difficultés rencontrées par les personnes douées on aurait tendance à oublier qu'elles possèdent aussi, et surtout, une force particulière venue du plus profond d'elles-mêmes et qui ne ressemble à aucune autre. C'est cette force qui permettra au couple solidement construit, uni par une connivence inégalable, d'affronter et de surmonter les aléas de l'existence avec une efficacité décuplée.

Le charme propre aux personnes douées

Même si elles n'en sont pas conscientes, les personnes douées sont dotées d'un grand charme. En outre, elles possèdent souvent des talents spécifiques au moins pour un art, sinon plusieurs, et quand elles l'exercent ce n'est pas en amateur : le don imprime sa marque, il ne peut y avoir de réussite approximative.

Ainsi, un musicien jouera obligatoirement en exprimant sa sensibilité, sans se contraindre, il fera passer ses émotions et leurs subtiles nuances, avec son piano, sa guitare ou tout autre instrument. Les gens doués dénichent des instruments rares qui suscitent chez eux une passion comme seules les personnes douées peuvent en éprouver. Leur son particulier les a touchés au cœur. Même avec des instruments plus courants, qu'y a-t-il de plus séduisant qu'une mélodie romantique jouée avec toute son âme ? Le chant, toujours évocateur de moments bien particuliers, peut faire vibrer les cœurs sensibles et tout le monde prend plaisir à entendre des airs qu'on aime. Le dessin permet de crayonner un portrait en lui conférant une originalité séduisante. La photo, quand elle se rapproche d'une composition artistique, sait faire apparaître la vue la plus banale sous un aspect surprenant. Une fleur devient une œuvre d'art face à un objectif inspiré. Le photographe doué parvient tout naturellement à saisir l'essence de son modèle, qui voit alors de lui une image magnifiée et pourtant fidèle.

L'expression littéraire, même au travers de simples lettres, transforme certaines missives en morceaux de littérature qu'on garde précieusement et qu'on relit avec un bonheur toujours égal, sans hésiter à le faire partager à son entourage. Les livres de correspondances entre personnages plus ou moins connus le prouvent bien. La poésie est de plus en plus rarement pratiquée, subsistent malgré tout quelques poètes qui privilégient ce mode d'expression où on se livre un peu, mais sous une forme tellement codifiée qu'elle protège finalement la liberté des sentiments. Tel mot percutant ou touchant aurait été choisi pour la rime… Des poésies, même en fragments, restent longtemps imprimées dans la mémoire, elles enrichissent l'imaginaire.

Sans doute quelques adolescents rythment-ils encore leurs vers en s'aidant de leurs doigts pour parvenir à l'alexandrin parfait. L'harmonie de la scansion répond de façon idéale au besoin d'ordre et de beauté que tout individu doué porte en lui, même si certains préfèrent la rigueur ordonnée des mathématiques.

N'oublions pas l'humour inspirant des récits désopilants dont on se souvient longtemps : le récit d'un événement, banal au départ, peut prendre des allures de sketch d'anthologie.

Ces dons ne sont pas toujours utilisés de façon spectaculaire, mais ils prêtent à ceux qui les utilisent à l'occasion un attrait certain comme les artistes, dont c'est le métier, en possèdent et leur vaut l'admiration et même l'amour de leurs fans. À ce propos, on peut penser qu'il ne suffit pas de posséder une belle voix pour entraîner les foules. Il y passe quelque chose de plus, impossible à définir et à cerner, mais dont l'effet est indiscutable. Un don ne peut être réduit à une description froide et scientifique. Quand le goût de la scène et du spectacle s'avère une vocation, le chanteur ou l'acteur électrisent les foules et leur poster orne bien des chambres d'admirateurs enthousiastes.

En dehors de ces dons bien particuliers, les personnes douées les plus discrètes dégagent un charme particulier, indéfinissable, que certains, à défaut de terme adapté à cet état précis, nomment « aura », indépendant de l'aspect physique. Ce serait comme un *scintillement* attirant, qu'on ne saurait décrire parce qu'il touche aussi les émotions, la sensibilité, et qu'il n'y a pas de mots pour évoquer d'aussi subtiles sensations.

Ceux qui sont touchés par cette grâce émanant de personnes pas forcément reconnues comme douées seraient incapables de décrire les sentiments éprouvés au moment de la rencontre et d'en expliquer les raisons. C'est un éclat discret qui a autant de pouvoir que la lumière la plus vive et la plus gaie.

La meilleure illustration est donnée par certains comédiens qui savent si bien transmettre les caractéristiques de leur personnage dans toutes ses nuances et tous ses sentiments. Ils apportent au rôle qu'ils incarnent un supplément de profondeur qui peut toucher l'auteur lui-même, troublé de voir ses personnages si génialement représentés. Dans les pièces anciennes, un acteur devient le personnage lui-même, lui conférant un aspect mythique. Ceux qui ont pu le voir se souviendront longtemps de Gérard Philipe devenu le Cid ou Lorenzaccio…

Un environnement plus ou moins favorable

Les circonstances exceptionnelles qui permettent à un don de se déployer dans toute sa splendeur ne sont pas forcément au rendez-vous. Si enchanteur soit-il, ce scintillement risque de s'atténuer fortement ou même de paraître s'éteindre dans un environnement peu propice : la personne douée éprouve alors le sentiment accablant de n'avoir littéralement *rien à dire* dans une conversation tellement banale qu'elle n'appelle aucun commentaire. Si elle se hasarde à énoncer une remarque, simplement pour sembler participer et atténuer une image paraissant peut-être distante, sauvage, ou bizarrement absente, cette remarque est mal reçue : elle n'est pas adaptée, trop critique, décalée, bref, complètement mal venue alors qu'elle avait été formulée avec un grand soin et au prix d'efforts considérables d'adaptation.

Il est d'ailleurs difficile d'imaginer les efforts d'une intensité forcenée qu'une personne douée doit fournir simplement pour éviter de se différencier à l'excès de son entourage du moment. Si elle veut, tout de même, intervenir dans la conversation, pour éviter de paraître hautaine et se pensant supérieure, elle est obligée de rechercher les termes nécessaires pour construire une phrase assortie aux autres, dont le contenu n'aura rien de surprenant et sera donc tout naturellement accepté. Ce serait la même démarche de pensée que celle qu'on adopte lorsqu'on s'exprime dans une langue étrangère mal connue. Les manifestations de sa bonne volonté, qui lui ont coûté une incroyable dépense d'énergie, peuvent être accueillies comme caractéristiques d'une personne condescendante, alors qu'elle a dû chercher compulsivement dans son esprit les termes à utiliser et, dans le même temps, lutter contre un sentiment de solitude désolée, toujours prêt à refaire surface.

Pour illustrer cette situation on peut relire avec un délice toujours renouvelé *La Cantatrice chauve* d'Eugène Ionesco. On trouvera la quintessence de la conversation banale, dépourvue de toute signification, mais appréciée par les protagonistes auxquels les comédiens prêtent une conviction réjouissante.

Il est étonnant que dans ces conditions si peu favorables, les personnes douées, pourtant devenues ternes et trop discrètes, attirent tout de même l'attention, mais elles se sentent tellement étrangères à ce groupe qu'elles ne voient même pas ceux qui les regardent avec une certaine insistance, attirés par une indéfinissable lueur. Elles continuent à avoir l'impression, souvent déprimante, d'être à part parce qu'elles seraient fondamentalement d'une autre nature. Elles ne sont absolument pas conscientes de leur pouvoir de séduction, puisqu'elles se désoleraient plutôt de la pauvreté de leurs rencontres. Et elles s'étonneraient volontiers quand on leur manifeste quelques marques d'intérêt, à la condition qu'elles les discernent, beaucoup plus rarement qu'on ne le croit, puisqu'on imagine toujours que les personnes séduisantes en sont conscientes, alors que les personnes douées sont plongées dans une incertitude qui brouille tout autre sentiment.

Cette sensation vertigineuse d'être en dehors de la vie ordinaire est inconcevable pour beaucoup. C'est avec un effarement doublé d'un profond découragement qu'on lit les conseils de psychiatres, pourtant avisés, aux personnes qui se sentent gagnées par des idées dépressives : il faut sortir, leur dit-on, rencontrer d'autres personnes et exprimer ses émotions, alors que c'est justement au sein d'un groupe qu'elles ressentent la plus grande tristesse. Le constat d'un tel décalage n'est jamais très plaisant. Le psychiatre pensera, lui, que son patient est encore plus malade qu'il ne le paraît : il est vraiment anormal de ne pas aimer sortir et s'amuser...

Pour certains, pas forcément les plus sauvages, « sortir » dans ces conditions signifie plonger dans un enfer assourdissant, ponctué d'éclairs aveuglants au milieu de personnes gesticulant pour d'obscures raisons. On s'est amusé « en boîte ». Ces sorties infernales ont un but plus ou moins avoué : faire une rencontre intéressante dans un lieu propice permettant de sauter les étapes d'une conquête, mais la personne douée est bien trop étourdie par ce vacarme pour tenter une quelconque approche. Assourdie et aveuglée, elle désire par-dessus tout quitter cet endroit maudit. Il faut rappeler que, de surcroît, les personnes douées sont souvent dotées d'une hyperacousie surprenante, le bruit leur est intolérable. Abattue et découragée par cet éternel constat que, décidément, elle n'est pas comme les autres, elle n'est pas du tout en état d'amorcer une quelconque tentative de séduction.

Il y a aussi des soirées entre amis où la conversation s'étire, languissante et banale, en s'éternisant des heures, ou qui semblent telles, sur un fait anodin dépourvu de tout intérêt. Ces conversations sont parfois égayées par des plaisanteries dont il est difficile d'évaluer le degré. Le spleen des nostalgiques ne s'en trouvera pas amélioré. Pour certaines personnes, le contenu de ces échanges importerait peu, seule compte la chaleur de l'amitié passant à travers ces mots ordinaires ou ces plaisanteries sans éclat, mais la personne douée en quête de compréhension ne peut s'en contenter. Au contraire, elle se sentirait encore plus démoralisée puisque les remèdes préconisés, et sans doute efficaces pour d'autres, l'accableraient plutôt.

Dans *Les Bleus à l'âme*[1], Françoise Sagan imagine que son héroïne, Éléonore, qui devait beaucoup lui ressembler bien qu'elle s'en défende, quittait sans rien dire une auberge dont le faux « rustique » l'avait d'emblée hérissée. Son amoureux la cherchait avec fébrilité pour finir, fou d'angoisse, par la retrouver lisant tranquillement chez elle. Elle l'accueillait en lui disant avec simplicité : « Tu en as eu assez de cet horrible endroit, toi aussi. »

Le sens esthétique des personnes douées est généralement sûr, puisque c'est une question d'harmonie, et, pour cette raison, vite froissé au point de rendre les dissonances insupportables.

Le long chemin des femmes pour se penser douées

Le manque de perspicacité des femmes quand il s'agit d'elles-mêmes est toujours surprenant, mais tellement fréquent qu'on ne devrait plus s'en étonner.

Le plus souvent, alors que c'est flagrant dans une situation comme celle qui vient d'être évoquée, la femme ne se considère pas douée, elle utilise ses capacités, qui lui semblent

1. Françoise Sagan, *Les Bleus à l'âme*, Livre de poche, 2010.

naturelles, sans aller plus avant pour en connaître davantage à son sujet. Comme le démontre très bien Doris Perrodin, il ne vient pas à l'idée des femmes qu'elles puissent posséder cette particularité, mais elles savent la détecter dans leur entourage, sans songer le moins du monde qu'elles puissent être concernées alors même que ce ressenti spécial caractérise les personnes douées.

Pour s'en convaincre, il suffit de constater l'impossibilité de faire comprendre la nature du don intellectuel à quelqu'un qui l'ignore parce qu'il ne peut pas le concevoir concrètement. Quels parents d'enfant doué n'ont pas entendu ce discours : « Qu'est-ce que ça change ?, leur dit-on avec hauteur. Votre enfant, que vous dites doué, ne sait pas tout, il commet des erreurs, il a réussi par hasard, arrêtez de vous faire des illusions », et ainsi de suite. Il faut connaître le don intellectuel de l'intérieur pour le détecter. Malheureusement, des psychologues, des psychiatres et nombre de psys de toutes obédiences soignant les êtres souffrants tiennent un discours semblable : ils ne pensent pas que le don intellectuel joue un rôle quelconque dans l'état de leur patient. Eux aussi disent « Qu'est-ce que ça change ? » avec l'assurance de ceux qui savent, alors que cette donnée apporte un éclairage indispensable ; elle est même essentielle pour comprendre celui qui souffre.

Régulièrement, des femmes téléphonent ou écrivent à propos de leur compagnon : le chemin qu'elles ont emprunté est toujours le même. Il ne va pas très bien, elles ont entrepris des recherches sur Internet, elles ont suivi la piste du don intellectuel qui leur semblait prometteuse, elles l'ont reconnu dans les descriptions, elles demandent de l'aide.

Elles se récrient avec véhémence si on leur suggère, au cours de l'échange, qu'elles sont, peut-être, elles aussi, douées puisqu'elles ont su identifier ce don chez leur compagnon : elles sont sûres d'elles, il ne saurait être question d'un quelconque don. Elles comprennent très bien la souffrance de leur compagnon par simple empathie : elles l'aiment et souffrent pour lui. Quand on voit le couple, on se demande lequel est le plus doué, puisqu'ils le sont incontestablement tous les deux, mais la femme est, tout à la fois, une combattante, une exploratrice, un médecin attentif au plus petit symptôme, elle se bat pour alléger une souffrance qui lui est insupportable. Mais elle n'est pas douée, non, et son compagnon ne le suggère même pas, il est vrai qu'il a l'excuse d'être en mauvais état.

Un homme, reconnu officiellement doué, raconte les drames qui se sont abattus sur lui, alors qu'ils étaient peu prévisibles étant donné sa position sociale. Il mentionne qu'il a eu de la chance : sa femme l'a toujours soutenu, s'est bien débrouillée seule, a protégé les enfants, bref, elle a été admirable. Pas une seconde il envisage qu'elle puisse être douée, elle aussi. Il est normal que les femmes soient admirables dans l'adversité. Guidées par leurs sentiments et leurs émotions, elles trouveraient tout naturellement la voie à suivre et les réactions à adopter, mais ce serait l'instinct des femmes d'agir en protectrice du foyer, l'intelligence n'y est pour rien…

Un regard faussé sur les relations entre les hommes et les femmes

Des études récentes, menées dans les établissements scolaires, mettent en évidence l'avance des filles sur les garçons : elles sont plus scolaires, plus travailleuses, plus soucieuses de se conformer aux demandes des adultes. Le sociologue Marcel Gauchet remarque : « Le phénomène le plus massif et généralisé est celui de l'éducation avec un effondrement scolaire des jeunes garçons et leur désinvestissement complet des études[1]. »

L'article, intitulé « Le nouveau malaise masculin », met en évidence le déclin de l'image masculine et « la montée en puissance des femmes à tous les niveaux ». Ce constat d'une situation qui semble dramatiquement bien installée ne va pas favoriser les relations amoureuses. On ne pense pas qu'il existe des femmes douées, ce serait l'ensemble des femmes qui prendrait le dessus dans une opposition des sexes qu'on voudrait faire remonter à la nuit des temps. En fait, on imagine aisément qu'une femme douée est enchantée de rencontrer enfin un homme doué lui reconnaissant implicitement ses dons au travers du regard qu'il porte sur elle.

L'antagonisme, maintenant souvent mentionné, mis en évidence et présenté comme une avancée majeure de la société, polluerait l'un des aspects les plus agréables, et même finalement le plus agréable, de l'existence quand il est satisfaisant.

1. Cité par Eugénie Bastié dans *Le Figaro* du 28 juin 2018.

On peut tout de même espérer que les personnes douées savent résister aux modes et aux idées en cours, elles se gardent de répéter des discours convenus, proférés avec la conviction que donne la certitude de citer les « idées fortes » qui ne concernent certainement pas les couples amoureux appliqués à entretenir ce sentiment mystérieux, fragile, intense et surtout tellement précieux.

Il n'est pas sûr que les femmes douées, soucieuses de la beauté et de l'élégance de la langue, se réjouissent des modifications grammaticales qu'on veut lui apporter sous le prétexte de rétablir par le langage une équité jusqu'à présent niée. Imagine-t-on Racine transformé de la sorte ? Il suffit d'essayer de traduire un poème qu'on apprécie et qu'on se récite parfois pour se bercer avec sa mélodie propre : on serait très vite horrifié par un alexandrin dilué dans cette bouillie. Verlaine, Rimbaud, Baudelaire sombreraient dans un spleen qu'ils n'auraient su imaginer.

Le choix des armes est primordial si on veut motiver les combattants et rallier les hésitants. Le langage peut constituer une arme redoutable. Quand tout est traduit dans une novlangue réductrice, y compris les relations amoureuses ramenées à un rapport de force, on semble oublier que l'amour a inspiré les plus belles poésies, touchantes et enchanteresses. Des personnages célèbres se sont livrés sans retenue, mais dans une langue toujours parfaite, au travers de lettres adressées à la personne qui leur inspirait un amour fou, sans hésiter à avouer leurs faiblesses. L'amour efface ces antagonismes, et même il les ignore.

CHAPITRE III

Le couple, un attelage harmonieux

L'image d'un *attelage* illustre bien l'idée qu'on pourrait se forger d'un couple fonctionnant en harmonie. Elle a été bien utile pour guider des jeunes gens incertains et hésitants quand ils étaient sur le point de s'engager, tout en se sentant retenus par quelques infimes réticences, difficiles à cerner.

Dans un attelage, les deux partenaires cheminent de concert, du même pas, en suivant le même rythme. Ils vont tracer un sillon profond, ils récolteront des fruits abondants parce qu'ils n'auront pas gaspillé leur énergie en vaines querelles, provoquées par une incompréhension fondamentale. Ils sauront discerner l'essentiel d'une situation, en tirer des conclusions logiques, puis en tenir compte pour les décisions à venir. Leurs choix de mode de vie, d'environnement, de milieux amicaux, seront en harmonie, aucun des deux n'ayant envie de s'écarter de cette ligne de conduite sans se soucier de l'autre. Le maître mot présidant au fonctionnement des personnes douées ne doit jamais être oublié : *la cohérence* occupe une place prépondérante dans tous les aspects de l'existence. Il est indispensable de la respecter, chacun portant cette notion au plus profond de lui-même quand il s'agit de mécanismes intellectuels et d'appréhension d'une situation.

Un besoin de cohérence

On ne doit jamais oublier que la logique préside au mode de raisonnement des personnes douées. Sitôt qu'un raisonnement s'en écarte, il y aurait une sorte de signal d'alarme qui se mettrait en action, sous la forme d'une sensation confuse, mais insistante, d'une incohérence impossible à ignorer. Ce besoin de cohérence est inhérent au fonctionnement des personnes douées. Quand elles l'entendent évoquer, elles se reconnaissent immédiatement dans la description du mécanisme qui préside à tous leurs raisonnements. Il leur est tellement naturel qu'elles n'avaient jamais songé qu'il puisse en être autrement et elles sont désarçonnées quand elles entendent dérouler un raisonnement manifestement peu logique et même totalement aberrant sans que celui qui le mène s'en inquiète. On conçoit bien que dans un couple, au quotidien, une telle situation deviendrait vite insupportable.

La sensibilité correspond à un autre fonctionnement, évidemment plus erratique, mais le souci de cohérence, qui est un besoin essentiel, ne peut être négligé. Il cimente un couple en évitant toute querelle futile.

Les désaccords momentanés ne font pas dévier une trajectoire adaptée aux circonstances où chacun a su reconnaître les mêmes priorités à privilégier.

Cette évocation constitue bien évidemment une feuille de route idéale. La réviser de temps à autre permet peut-être de relativiser des événements qui ont semblé dramatiques sur le moment. Par exemple, il semble urgent et impératif à l'un de changer de voiture tandis que l'autre estime que ce n'est pas indispensable et qu'il y a d'autres urgences, les arguments s'intensifient, l'atmosphère devient explosive jusqu'au moment où la raison revient : les motifs de cette querelle étaient dérisoires, ils ne valaient pas une dispute épuisante.

Dans une bibliothèque, doit-on ranger les livres par auteur, par catégorie, par taille, par éditeur, par fréquence de leur usage ? On peut rire ensuite de ce drame existentiel.

Ce peut être une divergence à propos d'une banale recette de cuisine : chacun veut procéder comme il a toujours vu sa mère le faire, c'est alors un choc de culture qui peut devenir cosmique si on n'y prend garde. Parfois, une querelle recouvre des conflits qui dépassent les protagonistes, mieux vaut en être conscient pour éviter de stupides et vaines bagarres.

Une approche semblable des événements et des différences irrémédiables

Il est indispensable que le mode de compréhension des événements soit similaire : si l'un doit expliquer plusieurs fois une donnée, pour lui élémentaire, à son partenaire qui peine à comprendre, il aura de plus en plus de mal à réprimer son agacement, il piétinera et se contiendra pour ne pas exploser si cette situation se renouvelle trop souvent. Quant à celui qui a tant peiné pour comprendre des explications lui paraissant absconses, il se sent complètement diminué. Il imagine qu'on le considère comme un irrémédiable arriéré tout en s'efforçant de ne pas le laisser paraître pour ne pas aggraver son état amoindri, et il finira par s'insurger contre cette position dévalorisante où il se retrouve peut-être un peu trop souvent. Si cette situation se répète fréquemment, toujours dans la même configuration, un contentieux finira par s'installer sournoisement, au risque de miner ce couple finalement mal assorti.

On dit qu'un respect mutuel permet à un couple de dépasser ces décalages, mais quelle patience infinie il faudrait à celui qui est plus rapide pour expliquer, chaque fois, avec patience et pédagogie, son point de vue !

De même, de quelle humilité admirable devrait faire preuve celui qui ne comprend jamais sur-le-champ ce qu'on lui dit, ou bien qui le comprend de travers, ou encore qui n'envisage pas les conséquences, pourtant logiques, d'un événement précis. Il risque d'éprouver la tentation d'inverser cette situation immuable en tendant quelques pièges, par exemple en procédant à de la rétention d'informations, pour affirmer ensuite, avec une véhémence indignée, qu'il l'avait bien dit mais qu'on ne l'écoute jamais puisqu'on considère ses remarques comme négligeables. Cette petite vengeance assez mesquine n'apporte pas le réconfort espéré, elle envenime une situation déjà ébranlée.

Quel amour fou pourrait résister à des années passées à tenter de combler un décalage qui distille son poison insidieux ? Une exaspération, même aussi bien refoulée et maîtrisée que possible, teinte toute relation d'une sombre tonalité.

Arrivera un moment où chacun, épuisé par ses efforts pour suivre le cheminement de pensée de l'autre, aura le désir de trouver un interlocuteur marchant à son rythme. Il a consacré trop d'énergie à combattre l'agacement de devoir se freiner constamment ou bien à se maintenir en alerte pour saisir la signification de quelques mots considérés comme suffisants pour décrire une situation. S'il y a urgence, ces délais peuvent entraîner des conséquences dramatiques.

Ce décalage risque de se répercuter chez les enfants du couple mal assorti avec le danger que se forment des clans selon le mode de compréhension de chacun. Décidément, l'attelage doit être bien équilibré.

Toutefois, le diable sait utiliser les moindres failles de chaque individu : dans l'absolu, il semble évident qu'un décalage dans le mode de fonctionnement se révèle vite insupportable, mais il peut être accentué, voire ostensiblement mis en évidence, et même traqué ou encore échafaudé de toutes pièces, par celui qui voudrait s'assurer de sa supériorité sur son partenaire jusqu'à ce que ce dernier soit intimement persuadé de sa réelle infériorité. Ce n'est qu'une arme, entre mille, utilisée par un pervers pour conforter son indiscutable prééminence.

Il suffit que l'autre possède une faille encore aggravée par sa trop grande sensibilité. Le plus doué des deux ne serait pas celui qu'on pense, mais il est trop meurtri pour même y songer.

Il peut parfois arriver que celui qui se sent peu à peu dépassé par son partenaire réagisse d'une façon qui devient perverse : il craint le regard porté sur lui et qu'il pense d'une cruelle lucidité, il est alors prêt à tout pour se défendre. Le moyen le plus sûr est de priver l'autre de toute possibilité de réaction en lui renvoyant une image tellement dévalorisée qu'il n'aura plus la force ni le courage d'émettre la moindre critique. Certains sont prêts à tout pour se protéger, même à se comporter en quasi assassin. Ils s'attaquent à ce qu'on valorise tant actuellement en évoquant *l'estime de soi*. Si elle est détruite, c'est toute la personne qui vacille puis s'effondre, après que les fondements de sa personnalité ont été entamés.

Les pièges de la raison

Parfois, las d'un célibat qui se prolonge, la personne douée décide de sauter le pas, un peu comme on se jette à l'eau tout en sachant qu'elle sera très froide. Elle décide de former un couple durable avec le partenaire du moment, connu depuis assez de temps pour avoir à peu près cerné sa personnalité. Ils partagent certains centres d'intérêt, leurs professions sont compatibles en temps de loisir et en disponibilité d'esprit, les quelques divergences ne constitueront pas des obstacles rédhibitoires, et tant pis s'il y a des sujets qu'il est préférable d'éviter, des lectures qu'on ne pourra partager, ainsi que des spectacles et surtout quelques amis, qu'on rencontrera donc à part.

En contrepartie de ces sacrifices apparemment légers, on pourra offrir une image conforme aux normes sociales, on n'entendra plus le genre de phrases lancées sur un ton interrogateur, inquiet, voire soupçonneux : « Alors, toujours célibataire ? » On pourra parler de problèmes domestiques, devenus subitement majeurs, et, un peu plus tard, évoquer le sujet inépuisable des enfants. Toutes les cases usuelles seront cochées. Après quelques années d'errance peu raisonnable, on est enfin revenu à plus de classicisme, on est comme tout le monde, toute différence effacée. C'est un repos inconnu jusque-là, quand il fallait être en alerte pour porter son célibat d'une façon spirituelle qui le faisait plus facilement accepter socialement, tout en luttant contre un sentiment de solitude parfois oppressant.

Désormais, c'est le sentiment de subir constamment une contrainte qui est oppressant : ne plus être soi-même, se plier à des normes dont on ne voit pas la nécessité, vivre comme en surface de soi-même et paraître heureux et satisfait de cette existence qui apparaît lisse et ennuyeuse. Il n'y a plus les surprises, devenues plus rares il est vrai, mais toujours excitantes quand une nouvelle aventure se profilait. Désormais, l'aventure relève le plus souvent de l'accident domestique. Il n'est pas sûr qu'on ne finisse pas par se lasser de tant de routine, le désir de ressembler au plus grand nombre coûte trop cher. On s'aperçoit qu'on a manqué de prudence en agissant de cette façon soudainement précipitée, saisi par un besoin impérieux de conformisme qu'on regrette, mais il est tellement difficile de se dégager de ce piège en défaisant les multiples liens tissés au cours des ans qu'on ne sait plus très bien comment se dépêtrer de cette situation engluée offrant de moins en moins d'attrait, si ce n'est celui de ressembler enfin à tout le monde. « Tu es enfin rangé, disent les amis soulagés. Tu vois, tu as fini par faire comme nous tous et on est sûrs que tu t'en trouves bien. » S'insurger, ou même hésiter, abîmerait son image d'une façon bien plus grave que celle qu'on donnait autrefois, quand on était un joyeux célibataire sans entrave. Comme dans certains jeux, de société justement, on reculerait au moins de dix cases. Reste à s'en accommoder le moins mal possible, en s'habituant à cet ennui profond.

La situation est d'autant plus difficile qu'on n'a pas de reproche précis à l'égard de son conjoint, qui semble satisfait et s'étonnerait douloureusement si on émettait des réserves. « Reprendre sa liberté », selon l'expression consacrée, reviendrait à retrouver une solitude désespérée, rendue plus lourde par un sentiment de culpabilité et la désapprobation de l'entourage qui perçoit dans ce sursaut une critique de son mode de vie.

Celui qui commence à s'ennuyer, à se rêver ailleurs, prend conscience avec effroi qu'il a fait semblant, il a joué à être en couple sérieux, au fond de lui il ressentait ce sentiment d'imposture qu'il ne voulait pas voir, comptant sur les menus événements du quotidien pour repousser au plus profond ce sentiment tenace, ordinairement éprouvé dans de tout autres circonstances. Son partenaire ne fait pas semblant, ce couple qu'ils ont construit et que leur entourage voit comme un tout est une réalité à ses yeux. Que l'un des deux se dérobe et cette construction s'effondrera alors dans un fracas cataclysmique.

Prendre cette décision trop raisonnable, dictée par un soudain souci de conformisme, revient à s'engager sur une route qu'on imaginait facile grâce à sa banalité même, mais qui se révèle vite d'un tel ennui qu'elle en devient accablante. Les multiples péripéties du quotidien ne l'égayent pas, même lorsqu'elles sont anodines, voire amusantes, elles sont teintées d'une lassante monotonie qui s'avère rapidement irrémédiable.

Parfois, la tentation se présente de « pimenter » un peu, comme on dit, cette routine ; des clubs spécialisés fournissent toutes sortes de divertissements, mais le couple n'en sort pas forcément plus uni.

Il apparaît clairement que si on ne prend pas tout le temps nécessaire à la réflexion et qu'on s'en remet seulement au hasard, il faudrait une chance folle, inouïe, impensable pour que des personnes douées, s'entendant bien, se rencontrent et se reconnaissent. Ce serait même le seul domaine où la chance joue un rôle essentiel, il est donc plus sûr de la favoriser. Se rassurer en pensant que les sentiments ne sont pas éternels et qu'il sera toujours possible de se séparer n'est pas la meilleure disposition d'esprit pour entamer une relation amoureuse. Il est alors bien préférable de tenir d'emblée compte de certaines données essentielles sans penser que le temps, la routine et l'habitude finiront par rendre cette route supportable et peut-être même presque attrayante.

Il suffit alors d'une étincelle jaillie lors d'une rencontre provoquée par le pur hasard, sans que les protagonistes aient eu la moindre arrière-pensée, pour que cette pénible construction soit ébranlée dans ses fondements les plus profonds. La reconnaissance immédiate de deux personnes douées ne laisse la place à aucune hésitation ni aucune incertitude. Reste à prendre les décisions les moins dévastatrices. Soit on tente de ménager la famille classiquement constituée en adoptant des stratégies compliquées et périlleuses, soit on se résigne à renoncer héroïquement à un amour dont l'éclat aveuglant laissera à jamais sa marque.

Les pièges des sites de rencontre

Cette notion de ressemblance est d'ailleurs prise en compte dans les questionnaires des sites de rencontre, sans que l'intelligence soit spécifiquement évoquée, mais ce principe général, pourtant séduisant dans la théorie, est vite faussé.

Les jeunes femmes qui se lancent dans cette aventure rencontrent des hommes intelligents, et donc séduisants par là même, mais ils paraissent avoir pris goût à la possibilité d'ébaucher tant d'histoires, avec le loisir d'en accumuler un grand nombre puisque l'offre est foisonnante : ils espèrent toujours éprouver une intensité plus forte et rencontrer enfin l'amour fou qui emportera tout et effacera les désillusions. Cette vision utopique des rencontres transforme ceux qui s'inscrivent en consommateurs effrénés, ayant même totalement oublié leur désir premier de couple solide et sûr.

Ils semblent pris d'un vertige qui les égare face à tant de possibilités. L'abondance de choix a tué l'affectivité, l'empathie, la finesse, la générosité. L'égoïsme a desséché leur cœur, ils préfèrent penser que leur partenaire temporaire leur ressemble, elle aussi repartira d'un cœur léger et plein d'optimisme à la recherche d'une nouvelle aventure.

Leur charme a opéré, ils ne veulent pas savoir qu'ils laissent une partenaire fracassée par tant de désinvolture : elle ne pensait pas être si rapidement, et souvent si cavalièrement, délaissée. C'est, parfois, un SMS laconique qui met fin aux emballements des jours précédents.

Pour aller plus avant dans l'évocation de ce charme, on peut citer une étude, elle-même citée par Michel Duyme, psychologue et chercheur. On a mesuré le taux de testostérone chez des adolescents doués et chez des adolescents standard, comme il est dit dans ce genre d'études. Les adolescents doués présentaient un taux significativement plus bas ; on pourrait en conclure hâtivement que, pour séduire, ils privilégient un poème romantique et un humour discret à un étalage de muscles et à une humeur combative.

Les collectionneurs avides des sites de rencontre n'ont pas besoin d'un surcroît de testostérone pour séduire une partenaire sensible aux charmes du verbe et aux idées originales, sans compter quelques-uns de ces dons qui la désarment plus sûrement encore.

CHAPITRE IV

L'amour sacrifié

L'éternel solitaire

À l'opposé des séducteurs effrénés, des personnes charmantes, dotées d'une grande séduction, restent seules, on ne leur connaît aucune histoire d'amour d'aucune sorte, une aura de mystère entoure ces solitaires. Elles aussi se sont construit une armure sans la moindre faille, mais elles préfèrent éviter tout risque, dont le pire serait de « tomber » amoureux, cette chute pourrait entamer des défenses élaborées depuis longtemps, et certainement vitales à leurs yeux. Pour satisfaire le besoin d'amour que tout être humain porte en lui, elles entretiennent des amitiés amoureuses, mimant d'éternelles prémisses qu'elles ne concrétiseront jamais, par une prudence ancrée au plus profond d'elles-mêmes. Elles ne manqueront pas de justifications pour expliquer cette solitude obstinée : un travail qui ne laisse pas suffisamment de loisir, l'éventuel partenaire se sentirait alors délaissé, un caractère difficile, peu apparent en société, mais rendant certainement infernale une vie à deux, des obligations familiales qui ne permettent aucune disponibilité... Ces excuses sont innombrables. Parfois, ces solitaires obstinés laissent penser que ce serait seulement un sort funeste qui s'acharnerait à détruire une histoire que semblait bien, cette fois, être l'amorce de celle qu'on attendait.

C'est peut-être parmi eux que se trouvent les Asperger dont on parle de plus en plus. Être férocement jaloux de son intimité, mal tolérer une présence qui serait perçue comme « étrangère » même si elle est aimée, estimer impossible d'envisager la moindre modification des rituels qui rythment son quotidien peuvent être considérés comme des signes probants d'une personnalité qu'on oserait qualifier d'Asperger. S'adapter à une autre présence exigerait un effort constant, épuisant, impossible à soutenir dans la durée. Il est bien préférable alors de s'épargner les souffrances et les orages d'une inéluctable séparation. Toutefois, il convient d'être prudent : nombre de personnes douées présentent des traits de personnalité qu'on estime maintenant caractériser les Asperger. Ce serait alors une explication toute trouvée aux difficultés à apprécier certaines réunions, qu'elles soient professionnelles ou amicales, mais dans tous les cas étirées dans le temps, à se contraindre pour se plier à des modes de fonctionnement que les autres acceptent tout naturellement et, à l'évidence, sans s'en plaindre, tandis que la personne douée souffre mille morts avec une sensation d'épuisement dont il lui faut ensuite se remettre dans une solitude, cette fois appréciée.

Cet effort exténuant qu'il a fallu fournir est parfaitement évoqué par Alexandra Reynaud dans *Asperger et fière de l'être*[1].

Les solitaires intermittents

Il arrive qu'il faille chercher loin dans l'histoire personnelle les raisons de ce célibat plus ou moins occasionnel, mais ce scénario se retrouve avec une constance qui fournit une clef pour mieux le déchiffrer.

Cette histoire commence par une jeune femme enceinte déprimée, abattue, voire choquée pour une raison qui ne tient pas forcément à une nature éventuellement dépressive, ni à la venue prochaine du bébé, mais à des circonstances extérieures : un deuil, un traumatisme, une révolution inattendue dans son existence. Son bébé arrive dans cette situation difficile, plus il est doué et plus il capte avec intensité ces ondes de douleur qui traversent sa mère. Il en conclut que son rôle est de la consoler et d'y consacrer toutes ses forces, ce serait même pour cette unique raison qu'il est venu au monde. En effet, sa mère accablée puise dans le bonheur qu'elle prend à câliner cet enfant la force de survivre, ne serait-ce que pour lui. Cette fonction, que le bébé a parfaitement saisie, a d'ailleurs bien rempli son rôle puisque sa mère a fini par prendre le dessus, mais elle resterait, malgré tout, un peu fragile, et cette notion est inscrite au plus profond de lui sans qu'il en ait aucunement

1. Alexandra Reynaud, *Asperger et fière de l'être*, Eyrolles, 2018.

conscience : sa mission première, essentielle, fondamentale, serait d'être toujours présent pour soutenir sa mère. Même si elle semble s'être reprise, il lui faut rester à sa disposition, il ne peut pas se permettre d'être trop occupé à ses propres affaires, il est de garde, prêt à accourir au premier appel, il ne peut pas s'autoriser une absence trop prolongée ni une relation qui lui ôterait toute disponibilité.

On dira de lui « C'est un bon fils » en s'étonnant distraitement qu'il ne construise pas véritablement sa vie affective, mais sa réussite professionnelle démontre qu'il sait mener une carrière satisfaisante, qui le rendrait tout à la fois plus difficile dans le choix d'une partenaire et trop peu présent au sein d'un couple.

En réalité, *il ne peut pas* former un couple destiné à durer et le rendant alors moins disponible. Ses histoires de cœur sont obligatoirement passagères, elles ne doivent pas être trop exigeantes ni le lier trop fortement.

Tant qu'il n'a pas pris conscience de cet enchaînement qui le bloque, le solitaire intermittent recommencera éternellement le même scénario sans saisir les causes de cette désastreuse répétition. Quand il en comprend tous les aspects, il est miraculeusement libéré, mais, généralement, il doit être aidé dans cette démarche, au moins au début, pour que le chemin qu'il doit suivre soit éclairé. À la rigueur, une lecture décrivant précisément son histoire peut le mettre sur la voie. Il n'est pas facile, surtout par ses seuls moyens, de se libérer d'une mission reçue à la naissance. Considérer dès son premier souffle qu'on est « d'astreinte » est particulièrement contraignant.

Ce mécanisme de sauvetage fonctionne particulièrement bien avec les adultes doués. Ils ne tentent pas de remettre en cause cette mission parce qu'elle répond parfaitement à leur caractère généreux, altruiste, prêt à voler au secours de ceux qui sont dans la peine. Tout jeune enfant, ils ne pouvaient pas se rebeller puisqu'ils avaient compris dans l'instant que leur venue au monde était destinée à apaiser les souffrances de leur mère, par la suite leur nature chevaleresque leur a interdit de remettre en question ce rôle. Leurs élans amoureux sont alors vite réprimés par la nécessité de rester en alerte, ensuite ils justifient ce retrait à l'aide d'arguments inspirés par un esprit critique jamais en défaut.

Une telle configuration doit se produire également pour les femmes, mais ce schéma n'apparaît pas si clairement. Il est peut-être moins contraignant. L'existence de ces bébés sauveurs féminins n'est peut-être pas toujours très confortable, mais, adultes, ces jeunes filles se ménagent plus facilement une voie propre qu'elles peuvent suivre, non sans déchirements et dilemmes, elles n'adoptent pas systématiquement cette voie de sacrifice total de leurs désirs propres. Peut-être est-ce une conséquence du désir d'enfant qui privilégie tout ce qui permet de le satisfaire. Elles suivraient plus naturellement l'élan du cœur et le désir de lui donner une réalité concrète et durable. Elles aussi restent certainement en alerte, mais de façon moins envahissante, bien que souvent très inconfortable.

Ce même esprit de sacrifice peut conduire un homme resté seul avec des enfants à se priver de toute vie sentimentale parce qu'il pense qu'il doit impérativement privilégier leur bonheur. Qu'il soit veuf ou bien divorcé dans des conditions désastreuses pour les enfants, il endosse sans l'ombre d'une hésitation ou d'un questionnement l'entière responsabilité de ses enfants. C'est pour lui un devoir qui ne supporterait aucun manquement. Cette position de père dévoué reste, malgré tout, difficile à tenir longtemps. Les enfants grandissent, deviennent plus autonomes, mais ils ont pris l'habitude de trouver leur père constamment disponible pour les aider, les accompagner, leur offrir des vacances idéales… Peu à peu, leur père se remet du choc subi, il rencontre une femme qui lui semble correspondre en tout point aux rêves sentimentaux qu'il se permettait tout de même, il s'accorde alors le droit de goûter à ce bonheur après des années de solitude, mais ses enfants acceptent très mal ce qui leur semble une trahison et mettent en œuvre toutes sortes de stratégies pour chasser l'intruse de leur vie bien réglée, même s'ils ont déjà entamé leur propre vie amoureuse. Certains pères ne s'autorisent pas à déroger au devoir qu'ils se sont imposé, et pourtant ils savent que, plus tard, ils resteront seuls, cette fois définitivement. D'autres, plus hardis, plus rationnels et ne craignant pas d'être taxés d'égoïsme, vont privilégier leur propre vie reconstruite, quitte à affronter des enfants scandalisés et parfois vindicatifs. Leur nouveau bonheur sera peut-être teinté d'une amertume entêtée, que la joie de leur vie à nouveau ensoleillée dissipe malgré le poids d'une culpabilité impossible à faire disparaître, surtout si elle est soigneusement entretenue par des enfants furieux.

Un sens du devoir trop rigide caractérisant une personnalité trop exigeante vis-à-vis d'elle-même peut gâcher bien des vies.

Dans une situation identique, une femme trouvera plus facilement un arrangement pour répondre aux élans du cœur, à moins qu'elle ait délibérément choisi de tirer un trait sur toute possibilité de vie sentimentale. En cas de séparation « normale » au sein d'un couple, c'est-à-dire les enfants en garde partagée, une semaine sur deux et la moitié des vacances, elle vit avec son nouveau partenaire une semaine sur deux et la moitié des vacances. C'est un arrangement délicat qu'une modification imprévue perturbe gravement. Si elle est complètement seule, elle peut aussi faire accepter plus facilement un homme à la maison, les enfants appréciant l'aide et la protection qu'il procure, mais l'examen d'entrée est parfois impitoyable.

Toutes les situations ne sont pas excessives à ce point, certains enfants, généralement doués, se mettent en quête d'un partenaire pour leur parent esseulé et draguent consciencieusement pour ne pas le laisser dans la peine.

Les femmes célibataires des générations passées

Dans le passé et au sein de familles classiques, la fille qui tardait à se marier était considérée comme disponible en dehors de son travail et on estimait qu'elle pouvait aisément consacrer son temps aux soins de ses vieux parents. Elle usait ses forces sans qu'on lui trouve quelque mérite puisqu'elle n'avait pas de famille propre dont elle devait prendre soin. Le reste de la fratrie se reposait sur elle, sans songer une seule seconde qu'elle pouvait être écrasée par tout ce poids. Cette configuration est plus rare maintenant, mais elle a pratiquement tué celles qu'on appelait avec désinvolture les « vieilles filles ». Ainsi cataloguées, elles auraient provoqué un scandale si elles avaient eu l'audace de vouloir vivre une vie personnelle et, plus horrifiante encore, amoureuse ! À leur naissance, rien ne les prédestinait à consacrer toutes leurs forces à leurs parents déclinants, mais le résultat est le même : il n'y a plus eu de place pour les élans amoureux.

Certains se souviennent encore de ces grands-tantes célibataires, proches de leurs neveux et nièces, peu intéressés de savoir quel drame les avait menées à cette vie solitaire.

Quelques audacieuses avaient bien rencontré un homme qui leur avait plu, une histoire d'amour s'était ébauchée, puis les circonstances, les convenances, les aléas de tous ordres, y compris les guerres, avaient interrompu cette idylle et l'amoureuse tout à coup esseulée était restée fidèle à ce tendre souvenir. Nombre de romans évoquent ces histoires mélancoliques, ces drames si discrets qu'on finit par les oublier. Ils s'effacent des mémoires jusqu'à ce qu'une descendante romantique et intriguée par le mystère de cette solitude mène son enquête. Sa curiosité est magnifiquement récompensée si elle trouve un trésor sous forme de lettres. Celles qui ont un talent littéraire leur redonnent vie au travers d'un livre, en hommage à cette discrète passion.

Ces célibataires accidentelles n'ont pas voulu renier leur parole, elles étaient trop fières et trop exigeantes pour accepter un mari qui ne leur aurait pas exactement convenu. Pour elles, le choix a été opéré sans la moindre hésitation : se compromettre avec un mari ennuyeux ? Plutôt vivre avec un chat...

Cette incursion dans un univers désuet démontre que les histoires d'amour et de passions contrariées existaient avec une égale intensité il n'y a pas si longtemps et, parfois, elles ne laissent pas les descendants indifférents. Il plaît même aux jeunes filles actuelles de reconnaître quelques traits de leur personnalité chez cette ancêtre dont l'existence a été malmenée, peut-être pour faire reconnaître ses mérites, pour rendre justice à ses qualités d'abnégation si elle s'est sacrifiée pour ses parents ou à sa fidélité si elle n'a jamais voulu renier son amour.

Ces femmes fières, à la personnalité bien dessinée, pourraient être considérées comme des pionnières qui auraient inspiré les actuelles féministes. Il fallait un caractère bien trempé, un orgueil mêlé d'humilité pour supporter le regard apitoyé des épouses rangées et aussi des ressources intérieures permettant de goûter sans arrière-pensées les petites joies du quotidien tout comme les plaisirs esthétiques que procurent la contemplation de la beauté, l'éventuelle pratique d'un art ainsi que l'amitié, qui constitue alors le cadeau le plus précieux entre tous.

CHAPITRE V

Les aléas de la construction du couple

Tous les couples connaissent des péripéties plus ou moins graves et déstabilisantes. Une de celles qui mettent le plus en péril un couple concerne l'infidélité : les personnes douées sont-elles plus volages ? La question est souvent posée.

De multiples cas de figure existent, ils dépendent le plus souvent de l'histoire personnelle de chacun.

La séduction avant tout

Pour certains, seule compte la séduction pour elle-même : séduire serait un besoin auquel il faut inlassablement répondre. Si ce n'est pas une addiction, cela y ressemble.

Une séductrice recommençait éternellement le même scénario : elle se liait d'amitié avec une femme vivant en couple, ces liens devenant plus forts elle était invitée par le couple, elle séduisait le partenaire en évoquant une attirance irrésistible. Ensuite, soit elle avait réussi à faire exploser le couple, soit le couple avait résisté à cette entreprise de démolition, dans tous les cas, elle partait vers de nouvelles aventures, qu'elle justifiait pareillement par une force qui l'aurait poussée bien malgré elle. Elle aurait sans doute été bien étonnée si on lui avait fait remarquer la fréquence de ces schémas identiques : elle n'y pouvait rien si elle éprouvait de l'amitié pour une femme, et l'attirance pour son compagnon s'expliquait d'elle-même, ces deux femmes avaient des points communs, justifiant leur amitié, il n'y avait rien de surprenant à ce qu'elles soient attirées par le même type d'homme. C'est extrêmement logique.

Ce mode de séduction qui veut ignorer les conséquences parfois dramatiques qu'il entraîne oblige à occulter sa sensibilité, son empathie, à bloquer son imagination : le séducteur ne veut pas savoir les suites de ses manœuvres. Elles réussissent parce qu'il a su opérer avec une grande maîtrise de cette stratégie. Le Valmont des *Liaisons dangereuses* en est un parfait exemple.

On trouve des variantes de ces conduites de séduction au sein des familles ; il ne s'agit pas d'inceste puisque cela se passe entre beaux-frères et belles-sœurs, ou beau-père et belle-fille ou encore belle-mère et gendre. Se mêlent le plaisir de la transgression, bien atténuée et non répréhensible aux yeux de la loi, et aussi la satisfaction de régler des comptes anciens à l'intérieur d'une famille. Et qu'importent les dégâts collatéraux !

Il est tentant de penser que ces désordres se passent dans les familles où on réfléchit peu, alors qu'ils surviennent tout autant dans des familles dûment estampillées douées, test à l'appui, mais quand il y a d'anciens contentieux à régler tous les moyens peuvent être utilisés. Ce sera simplement avec plus de subtilité et peut-être un sentiment de culpabilité moins flou.

Un autre avatar de cette séduction impérative

Parfois, c'est le besoin de vivre des passions exaltantes, de celles qui emportent loin et font oublier tout ce qui a meublé la vie jusqu'ici : les personnes douées sont passionnées, elles ne conçoivent pas de vivre sans trouver d'écho à ce besoin d'intensité qui ne les laisse finalement pas souvent en paix.

Il leur faut éprouver ce sentiment étourdissant, mais l'exaltation enivrante du début s'amoindrit, s'amenuise, finit par s'enliser dans un début de routine, peut-être mortelle. Il est donc temps de tourner la page et d'entreprendre une histoire nouvelle et excitante. C'est l'exaltation du skieur qui s'aventure hors piste pour tracer son sillon dans la neige vierge. Il lui est de plus en plus difficile de suivre sagement une piste balisée largement balafrée par les traces des autres skieurs.

Cet enchaînement incessant finit par présenter un aspect factice : une telle passion, ostensiblement affichée, serait nourrie de fantasmes, d'idées toutes faites plaquées sur une histoire vraie en train de se déliter. Dans quelle mesure celui qui vit ces moments d'intensité inégalable reste sincère et donc dupe de cet enchaînement dont il connaît pourtant l'issue ? Mais peut-être croit-il vraiment que « cette fois c'est la bonne », il aurait enfin trouvé l'accord parfait, tout son entourage doit s'en réjouir avec lui, jusqu'au moment où un sort malin détruit ce bel édifice, parfois pour une broutille, tellement insignifiante qu'on se demande d'où lui est venu ce pouvoir dévastateur.

Il s'agit de personnes douées et sans doute, dans un tel cas, les deux partenaires l'étaient-ils, donc également dotés d'une sensibilité inconcevable : la « broutille » a été vécue par l'un des deux comme un coup de poignard, de surcroît imprégné d'un poison mortel. À trop vivre seul, on peut oublier la gravité des meurtrissures qu'une parole distraite risque de provoquer. Des exigences qu'on croyait enfin satisfaites dans cette relation miraculeuse restent finalement sans réponse. La déception est immense, à la mesure de l'exaltation insensée du début, mais personne ne songe que la satisfaction de ces exigences était peut-être complètement utopique, de l'ordre d'un rêve féerique.

Une fois les blessures cicatrisées, relativement vite d'ailleurs, l'amoureux passionné repart pour une nouvelle aventure, espérant que ce sera l'ultime passion : les expériences passées lui auront appris la prudence et l'intérêt d'un regard perspicace, cette fois il saura déceler les failles possibles, il avancera en terrain sûr et pourra enfin vivre un amour absolu puisqu'il n'en conçoit pas d'autre.

Et ainsi de suite, serait-on tenté d'ajouter…

Le Don Juan invétéré

Certains papillonnent sans jamais se fixer : l'entourage que cette inconstance agace est aux aguets pour dire avec soulagement « Cette fois, il va enfin se ranger ! » après que le séducteur impénitent a présenté une énième conquête. En réalité, il s'agit de quelqu'un qui se garde bien de trop s'attacher, comme s'il avait peur de perdre quelque chose de lui-même en laissant libre cours à des sentiments trop intenses. D'une façon apparemment paradoxale, il amorcerait sa rupture habituelle au moment où son couple va trop bien.

Lui, expliquera cette rupture par son caractère trop indépendant : il ne veut pas d'entraves, il veut continuer à penser que les lendemains offriront toujours toutes sortes de possibilités. Cette personnalité apparemment bien dessinée qu'il s'est construite le protège des émotions trop fortes qui pourraient le laisser désarmé, et même malheureux. Mieux vaut rester fidèle à une image de Don Juan qui fait même parfois des envieux parmi ses amis, d'autant plus que son charme indéniable lui permet de séduire de ravissantes « fiancées ».

Peut-être craint-il que des sentiments trop profonds permettent à la longue de saisir sa véritable nature trop sensible, trop peu assurée, tremblante même à l'idée d'être dévoilée dans sa nudité. Le don intellectuel s'accompagne le plus souvent de doutes, puisqu'on se connaît mal. Le déguisement d'« impénitent séducteur » est bien préférable. À la longue, il finira même par être lui-même dupe de ce personnage qu'il s'est construit, comme on façonne une armure. C'est en toute bonne foi qu'il se plaindra de n'avoir pas rencontré la véritable âme sœur. Ses « fiancées » donnaient le change pendant de courtes périodes, surtout en public, mais, lui, les connaissait suffisamment bien pour avoir détecté leurs défauts rendant impossible une vie en couple, quitte à inventer des manques rédhibitoires pour justifier son inconstance.

Un tel rôle peut, de surcroît, être tenu pendant des décennies : des séducteurs aux cheveux blancs, ou même sans plus trop de cheveux, entraînés par leur longue pratique, trouvent d'instinct les mots et les attitudes qui conviennent, leur répertoire s'est enrichi au fil des ans, tous les cas de figure ont été expérimentés, il suffit de sortir la bonne fiche et l'histoire se déroule comme de coutume. Avantage annexe : le séducteur a été obligé d'entretenir sa forme physique, il se porte donc mieux.

En réalité, il n'a jamais eu l'intention de former un véritable couple, il a joué ce rôle, souvent avec une conviction qui l'impressionnait lui-même, donc peut-être en s'abusant un peu, mais pas longtemps : l'idée même de vivre en couple lui ferait finalement horreur. Il aime trop la chasse et toutes les parades qui précèdent la victoire finale.

Ce comportement est plus spécifiquement masculin, les collectionneuses sont plus rares, elles succombent plus souvent à la force des sentiments. Les femmes restent encore attachées à la notion de sérieux quand il s'agit d'émotions amoureuses, même si elles s'offrent aussi des escapades qu'elles savent sans lendemain, sans que cette attitude soit systématique durant des années. Elles se sont octroyé de joyeuses échappées durant lesquelles elles n'avaient pas besoin d'être sérieuses, sages et raisonnables, elles se sont plu, un temps, dans cette image de séductrice qu'elles s'autorisaient à endosser par pur plaisir du jeu, mais elles ne se cantonnent pas longtemps dans ce rôle de Don Juan volage. S'agissant d'une femme, la caricature n'est jamais très loin et les premières rides sont repérées par d'impitoyables regards.

Ce n'est pas le cas de celles qui ont fait une croix, définitive se répètent-elles pour continuer à s'en convaincre, sur leur rêve d'amour et de famille, sans se sentir le courage de renoncer totalement au réconfort, même fugitif, d'un échange amoureux. Elles savent qu'il est illusoire, mais elles n'ont pas résisté à la tentation de s'offrir une tendre récréation, sans se montrer trop difficiles sur les critères inspirant leur choix puisqu'il s'agit seulement d'une brève parenthèse dans une vie trop sérieuse.

Ceux qui jouent la passion avec un art consommé

Le Don Juan dans son rôle d'éternel séducteur présente une variante, tout aussi classique dans sa démarche : il est marié, dans une position de dépendance par rapport à sa femme, mais chacun trouve son compte dans cette situation particulière et finalement stable. Toutefois, l'homme, qui tient à rester séduisant et à le démontrer, noue une relation intense avec une partenaire que sa fougue et la sincérité de ses sentiments ont touchée. Leur entente physique a été en harmonie avec l'entente intellectuelle immédiate qui les avait rapprochés. C'est une explosion passionnelle où les deux basculent. Sous le coup de cet éblouissement, chacun affirme que la séparation d'avec son conjoint ne sera qu'une formalité, son couple battant de l'aile depuis longtemps.

En réalité, cet homme, apparemment profondément épris pour la première fois de sa vie, a simplement voulu s'offrir une escapade exaltante, il sait très bien que sa femme saura intervenir pour le ramener à la raison sans même beaucoup le forcer, elle se chargera aussi de décourager la partenaire encore chavirée, sans lésiner sur les moyens, du moment qu'ils seront rapidement efficaces. Ce scénario se reproduit de temps à autre, il constitue une petite récréation dans une existence bien réglée, il en assurerait même la solidité. C'est cette certitude qui permet au séducteur de déployer tout son charme et de jouer la passion, avec une sorte de sincérité d'ailleurs, mais sans grand risque puisqu'il est protégé contre ses élans trop fougueux. Il est assuré de conserver une protection de repli sûre et fiable. Après avoir adopté une attitude penaude, dont personne n'est dupe, il reprend le cours routinier et confortable de sa vie, jusqu'à la prochaine incartade et son scénario bien rodé.

On peut s'étonner que ce déroulement presque classique soit si fréquent : il touche surtout les personnes douées, toujours prêtes à plonger dans une passion éperdue quand leur quotidien est particulièrement morne et lassant de monotonie. La proximité intellectuelle a joué son rôle, cette fois perfide.

La partenaire crédule peut bien être brisée, son ménage, certes déjà branlant, fracassé, plus personne ne s'en préoccupe. Le séducteur par intermittence reprend tout naturellement son personnage d'adulte immature et égoïste, mais sachant très bien adopter le déguisement de l'homme responsable et sûr de ses décisions. Il a pu s'offrir les joies de l'amour fou sans prendre trop de risques, si ce n'est celui de démolir sa proie.

L'attrait de l'entente intellectuelle et ses avatars

Parfois une belle entente intellectuelle constitue le plus dramatique des pièges.

La morale qu'on peut tirer de ce scénario bien rodé est qu'il ne faut jamais, au grand jamais, se laisser prendre dans les filets de belles paroles, d'envolées lyriques, ni étourdir dans une explosion passionnelle avec un homme marié. Il se joue peut-être la comédie à lui-même, il aimerait se persuader qu'il est prêt à révolutionner son existence, il a rêvé d'un amour fou, et puis il s'est réveillé. On peut partager ce rêve le temps d'une passade, jouer à imaginer une existence étourdissante, en sachant qu'il s'agit seulement d'un rêve qu'on fait semblant de transformer en réalité. Personne n'habite le château de la Belle au Bois Dormant.

Ceux qui ne résistent pas

Certains, qui ne sont pas des Don Juan affirmés, ne peuvent pas résister à une tentation, ils succombent avec un grand naturel : toutes les occasions sont à prendre, elles ne tirent pas à conséquence, ils reviennent au foyer sans se sentir gênés de cette simple incartade, vécue comme une petite récréation dans un quotidien trop uniforme. L'assurance de trouver un conjoint patient et fidèle au poste les conforte dans ces conduites fantaisistes. Ils sont sidérés quand le conjoint fidèle déclare qu'il est fatigué de ces escapades, même si elles sont anodines, qu'il ne peut s'empêcher de craindre que le fugitif momentané ne revienne pas et qu'il est lassant de raconter des histoires aux enfants pour justifier une absence inopinée. D'ailleurs les enfants croient de moins en moins à l'alibi d'un travail urgent loin de la maison. Ce père insouciant leur donne un bien mauvais exemple.

Cette fois, l'entente intellectuelle qui a présidé, entre autres, à la fondation de ce couple, lui sert maintenant de ciment indispensable, mais trop de fredaines pourraient le fendiller.

Il ne faut pas s'imaginer que l'âge apaisera ce goût pour ces fugues, à la cinquantaine, l'escapade risque d'être définitive. Celles qui rêvaient d'un âge mûr assagi perdent vite leurs illusions, l'image du couple vieillissant ensemble et partageant enfin à temps complet les mêmes joies intellectuelles s'efface, laissant un goût d'amertume à la jeune femme qui a eu le malheur d'aimer un homme fondamentalement infidèle.

Certaines ont su réagir à temps, elles ont, elles aussi, tenté l'aventure et parfois de façon plus heureuse. Elles connaissent une maturité épanouissante tandis que leur mari papillonnant s'épuise en escapades de moins en moins satisfaisantes maintenant qu'il a perdu son port d'attache réconfortant.

De telles histoires semblent banales et presque classiques, mais les protagonistes savent les agrémenter de leur humour particulier : blessés, meurtris, ou simplement désemparés, égarés dans les méandres d'une existence qu'ils n'ont pas désirée telle, ils conservent leur capacité de prendre cette distance bien spécifique que procure un humour toujours percutant, même quand il commente le triste constat d'un couple ravagé.

Cet humour raffiné combat efficacement la tristesse, il permet à l'esseulé, et même à l'esseulée, ce qui est toujours plus délicat en société, de rester fréquentable, son charme n'est pas entamé : son entourage l'apprécie et n'a pas envie de s'en passer.

Moralité, s'il en faut une : une personne infidèle de nature ne saura pas s'assagir : elle ne *peut pas* changer de caractère. Il est inutile de présumer de ses forces en espérant ôter le goût des fugues à un éternel papillon, il lui est impossible de résister à la tentation. Les femmes sont moins enclines à suivre le désir de s'offrir ce genre de fugues, à moins qu'elles ne soient justifiées par un malaise dans le couple, en outre les enfants les retiennent.

La passion amoureuse comme remède

Pour certaines personnes douées, le quotidien est un cauchemar, gâché par une activité cérébrale qui serait analogue à un bruit incessant : il accompagne constamment leur quotidien, les réveille la nuit et perturbe gravement leur sommeil ; on dirait une rumeur sourde qui paraît faire partie de leur fonctionnement propre, impossible à modifier. Il semblerait qu'elle reflète l'activité incessante du cerveau qu'on ne parvient pas à mettre au repos. Il faut recourir à des expédients pour apaiser, ou seulement atténuer, momentanément cette activité envahissante : la musique, des occupations nécessitant une intense concentration, qu'on ne peut donc maintenir trop longtemps, ou alors une passion amoureuse qui relègue au plus loin ce bruit et freine l'activité d'un cerveau qui semble ignorer une quelconque pause, sans la faire totalement disparaître. Cette exaltation cérébrale pourrait donc toujours revenir, encore plus douloureuse qu'auparavant puisqu'on avait connu le bonheur du silence. Y être à nouveau soumis pourrait signifier que les sentiments commencent à s'émousser, ils ont perdu leurs pouvoirs, ils vont s'éteindre…

L'amour intense ne serait qu'un médicament dont les effets diminuent trop vite, l'accoutumance serait trop rapide, il ne reste qu'à s'accommoder de cette activité constante et ne plus rêver d'une médecine qui la fera disparaître.

L'attrait de l'entente intellectuelle et le bonheur qu'elle crée

On ne doit pas oublier qu'une histoire amoureuse s'amorce parce qu'une entente particulière s'est établie presque immédiatement, parfois à l'insu des protagonistes, et c'est par la suite qu'ils se rendent compte de cette instantanéité, si prompte et évidente qu'ils ne l'avaient pas remarquée. Cette entente est forcément fondée sur une compréhension générale teintée d'une complicité qui, instantanément, paraît normale et comme allant de soi, alors qu'elle est très rare. L'amitié suit d'ailleurs un chemin identique, mais elle est moins fragile, elle ne devient pas le centre de la vie. C'est par la suite que les protagonistes évoquent, pour s'en étonner, ce processus tellement naturel qu'ils ne pouvaient, sur le moment, en distinguer la singularité.

Dans certains cas, encore très fréquents, des femmes ne trouvent leur salut que dans l'amitié – et plus si c'est réalisable sans trop de dégâts – d'un homme attentif et reconnaissant leurs qualités. La séduction physique passe au second plan : chacun apprécie une entente libérée de la maladresse que provoquent parfois des sentiments diffus qu'on n'ose exprimer.

En réalité, la séduction a changé de registre : elle est devenue purement intellectuelle et donc sans danger puisqu'elle n'entraîne pas les complications du cœur, douloureuses et vertigineuses, qui perturbent si gravement le cours des existences. Elle est reposante et elle procure bien des satisfactions pour l'esprit ; pour ceux qui apprécient les plaisirs subtils de la conversation, elle est idéale.

En outre, ce mode de relations renforce l'image qu'on se forme de soi-même : on conserve intact son pouvoir de séduction, il n'est soumis qu'à une douce épreuve, les ans n'ont pas de prise sur un esprit vif, épris de littérature et conservant intacte sa curiosité d'esprit.

Certaines de ces amitiés entre personnes célèbres ont laissé une trace dans l'histoire et dans la littérature.

On peut évoquer, par exemple, la relation platonique entre Julie de Lespinasse et D'Alembert. Un savant, une femme tenant salon à une époque où on ne savait pas écrire autrement qu'avec une élégance qui nous séduit encore. D'Alembert s'adresse à elle alors qu'elle vient de mourir : « Vous saviez si bien aimer, votre cœur en avait besoin !

Le mien partage ce besoin, hélas ! plus vivement que jamais, avec tant de force et de tendresse que les accents de ma douleur pénétreraient votre âme et la ramèneraient à la mienne. »

Moins dramatiques, les quelques mots terminant une missive adressée à George Sand par Eugène Delacroix : « Avec quel plaisir je vais secouer la poussière, la boue, la sueur de ce Paris. Je vous embrasse encore mille fois et désire bien que vous ayez à me revoir la moitié du plaisir que je me promets. » Ils ont entretenu durant des années une amitié amoureuse solide et rassurante : « Je serais folle de vous si je ne l'étais d'un autre[1] », dit-elle.

L'amour intense et platonique

L'histoire littéraire se souvient de ces passions intenses évoquées par leurs acteurs au point de devenir des figures abstraites à force d'être emblématiques : Dante rencontre Béatrice quand ils étaient enfants, elle l'impressionne déjà par sa beauté et ses qualités morales. Leur vie durant, elle restera son guide, son ange tutélaire, jusqu'à devenir un être abstrait, mais oh combien présent dans l'esprit et le cœur de celui qui a besoin de toucher l'absolu en contemplant la beauté et la vertu magnifiées.

Pétrarque est subjugué par Laure, elle lui inspire ses plus beaux poèmes ; cette passion la plus pure qui soit fit qu'elle

1. George Sand et Eugène Delacroix, *Je serais folle de vous si je ne l'étais d'un autre. Correspondance*, Le Passeur Poche, 2019.

fut si durable. Il l'aima trente ans, mais les dix dernières furent vouées au culte de sa mémoire.

Tous ont accédé à l'immortalité grâce à la profondeur d'un sentiment ignorant toute contingence matérielle. Tout lecteur découvrant l'histoire de ces couples, et à plus forte raison les personnes douées, ne peut se défendre d'être touché au plus profond par la pureté de tels sentiments, pourtant passionnés à l'extrême.

Faire le deuil d'une certaine image de soi

Certaines personnes se réalisent seulement dans une existence aventureuse : elles ne sont pleinement elles-mêmes que lorsqu'elles se mettent à l'épreuve en se dépassant parce que c'est la seule façon de réussir l'action entreprise. Elles ont besoin d'affronter l'inconnu, voire le danger, mais elles auront pris toutes les précautions indispensables pour disposer de tous les moyens nécessaires. N'oublions pas que ce sont des personnes douées, elles n'entreprendraient jamais une action plus aventureuse sans avoir minutieusement envisagé tous les risques et la façon de les vaincre. Quelques professions exigent ces qualités : partir dans les déserts, en mer ou sous la mer, explorer des contrées peu connues demandent des capacités peu communes, sinon l'aventure est vite terminée...

Ces aventuriers rentrent évidemment au port de temps à autre, nouent une relation sentimentale et tandis qu'ils préparent leur prochain périple, ils apprennent qu'ils vont devenir un heureux père. Chevaleresques, nobles et responsables, ils renoncent à cette existence qui faisait partie du plus profond d'eux-mêmes, puisqu'ils n'auraient jamais pu la poursuivre avec leur image ainsi abîmée à leurs yeux. Ils se réjouissent de découvrir les joies de la famille qu'ils n'avaient jamais envisagées jusque-là, pensant sans doute qu'ils y songeraient plus tard, quand ils seraient lassés de trop d'austérité.

Sacrifier une partie de soi par amour renvoie à une image romantique, qui cesse très vite d'être gratifiante, d'autant plus que celle qui est à l'origine de cet abandon d'un idéal n'est pas forcément consciente de son importance : on ne peut pas mener éternellement une existence aussi aventureuse, il faut bien se ranger un jour, et, justement, fonder une famille permet d'entreprendre un autre mode de vie, plus classique. Tout l'entourage s'accorde sur ce bon sens, mais le principal intéressé se sent amputé de la partie de lui-même où il se reconnaissait le mieux, celle qui lui renvoyait une image fidèle et pure, sans les faux-semblants qu'il faut bien adopter en société. Il perd aussi les liens amicaux noués avec des semblables, des frères, ayant triomphé des mêmes périls et éprouvé les mêmes joies lorsque la mission était réussie.

Ce deuil qui ne se fait pas laisse des marques durables : lui, qui se réalisait dans les situations extrêmes, en prenant des risques calculés, qui goûtait le plaisir de se mettre à l'épreuve et de l'emporter chaque fois avec le frisson que suscite l'idée d'un impondérable, peut-être fatal, qui partageait avec quelques rares semblables une exaltation unique, renonce volontairement à ce mode d'existence pour mener une vie plus calme, plus classique, en se forçant à oublier la saveur des grands espaces et leur subtile beauté. Il lui faut changer son image, tenter d'autres aventures, moins extrêmes, en conservant l'élan qui l'animait.

Le bonheur que provoque le miracle d'un bébé au sourire prodigieux ne peut effacer tous les souvenirs ni faire oublier une nostalgie têtue dont la trace persiste, sans doute à jamais.

Il arrive que la personnalité, privée de sa nourriture privilégiée, s'étiole et cherche ailleurs des bouffées d'un air plus rare à l'aide d'expédients plus ou moins dangereux.

Pourtant, ces aventuriers avaient déjà pensé, avec raison, qu'ils ne pourraient mener éternellement cette existence trop dangereuse pour des personnes dont les forces commenceraient à décliner, mais ils songeaient qu'ils avaient encore le temps de s'habituer peu à peu à une vie plus tranquille, en essayant toutes sortes d'activités où ils retrouveraient, édulcoré, mais réel, le frisson qui les faisait vibrer et se sentir vivants. C'est le passage trop brutal et pas du tout anticipé qui les a tellement bouleversés dans leur fonctionnement qu'ils ne savent pas comment se retrouver eux-mêmes ni retrouver leur équilibre.

Si leur partenaire pense, sans creuser plus avant cette situation, qu'il était bien temps que cet aventurier se range et entreprenne simplement une autre sorte d'aventure, sans songer à l'intensité du deuil qu'il doit opérer, un sentiment désespérant de solitude morale envahit celui qui doit renoncer à sa vie enivrante, il lui faut du temps pour accepter cette amputation entraînant une douleur jamais prise en considération.

Certains métiers, prenants et répondant à une passion, exigent plus particulièrement un travail de renoncement qui doit être entrepris bien longtemps avant leur arrêt. Il faut se préparer mentalement à abandonner tout ce qui emplissait la vie à tout instant puisqu'une seconde de distraction fortuite pouvait se révéler fatale. Les guides de haute montagne, les explorateurs dans les déserts et surtout les skippers qui ont du mal à rompre avec l'infini de la mer ont le sentiment qu'ils sont véritablement eux-mêmes seulement dans l'exercice de leur passion, sans doute aussi accrue par la conscience d'un danger toujours latent.

L'esprit de sacrifice

La situation est un peu similaire quand un des conjoints, généralement le mari, est nommé à l'étranger pour y rester quelques années avant de changer à nouveau de pays. Tout est prévu par l'entreprise pour que les familles y trouvent une existence souvent agréable. La femme n'a pas d'autre choix que de renoncer à une carrière prometteuse en rapport avec sa personnalité dynamique, entreprenante et courageuse. Chacun avait vu chez l'autre un écho à son propre caractère, ils forment un couple harmonieux.

Il faut une abnégation, qui s'efforce d'éliminer toute amertume, pour accepter sans regrets le statut de femme au foyer : sur place, il y a parfois des possibilités d'activités personnelles, mais sans rapport avec le métier du départ. Les enfants demandent aussi plus d'attention dans cet environnement particulier. Pour eux, dont les parents doivent partir ailleurs, à l'autre bout du monde parfois, si l'on excepte la perte constante des amis un tel mode de vie les favorise : ils parlent plusieurs langues, leurs connaissances sont bien plus riches, diverses et assimilées grâce à un vécu que rien ne remplace. Même si, de retour dans leur pays d'origine, ils ont du mal à partager avec leurs camarades de classe, incapables de les concevoir, leurs expériences passées dans des pays lointains, ils sont bien armés pour affronter la vie adulte, leur mère y a veillé avec tout son amour, son sacrifice n'est pas vain, elle a aussi accompagné son mari et partagé avec lui tous les aléas des expatriés. Sans doute, ces femmes s'accommodent-elles mieux de ce renoncement que les aventuriers qui ont perdu leurs ailes. Elles ont su trouver des compensations et des voies propres où elles pouvaient être véritablement elles-mêmes, rarement en rapport avec leur profession première. Des dons inattendus se révèlent même parfois.

Dans tous les cas, ces sacrifices imposés ne doivent pas être méconnus ou sous-estimés ; le filet d'amertume qui persiste malgré tout pourrait produire des effets nocifs plus tard et fausser la personnalité de celle qui a dû renoncer à un certain accomplissement d'elle-même.

Il arrive que le scénario soit plus sombre encore : dans le jeune couple, le mari a entrepris des études plus longues, ou bien il désirait suivre une vocation qui ne serait lucrative que bien plus tard : sa femme a alors dû interrompre ses propres études, renoncer à ses rêves d'avenir, parfois c'est elle seule qui a assuré la subsistance du foyer, heureuse d'apporter sa contribution à l'accomplissement de son mari. Cette réussite atteinte, ce mari, dont les talents sont maintenant reconnus, attire immanquablement de jeunes et jolies femmes qui font paraître bien terne sa femme et l'inéluctable survient : il la laisse sans scrupule ni remords puisqu'elle n'aurait pas su le suivre dans son ascension. Elle est donc fautive.

La construction d'un couple est, dans tous les cas, l'édification la plus délicate qui soit. L'alchimie première, celle qui fait croire que tout est enfin en ordre et que les sentiments vont pouvoir s'exprimer librement, est parfois trompeuse. Il faut surtout se garder de toute précipitation alors qu'il serait si doux de se laisser emporter par son emballement. Il est plus sage d'éviter de brûler tous ses vaisseaux : on voit des couples se défaire dans un état de crise qui exclut tout délai et celui qui avait liquidé sa vie passée pour repartir de zéro se retrouve à la rue, sans recours, victime d'une fureur passionnée, impossible à apaiser. Le souvenir de ces jours de cauchemar ne s'efface pas.

La voix intérieure ne trompe pas, elle vient du plus profond de soi, elle exprime un ressenti qui ne peut pas commettre d'erreur, mais il faut savoir l'écouter et la croire, même si elle donne l'impression de dire des bêtises, tellement ces dernières sont en contradiction avec les sentiments enivrants qui accompagnent les doux moments jamais connus jusque-là.

Plutôt la solitude

Malgré le désir intense qu'on en a, on ne doit pas se laisser aller à imaginer que le rêve est devenu réalité. Il est conseillé de se garder d'agir inconsidérément, mieux vaut préserver en toutes occasions sa vie intérieure. C'est pourquoi il est toujours nocif de craindre la solitude : elle seule donne la pleine dimension de la personne véritable, celle qui possède le discernement suffisant pour savoir ce qui lui convient. Des ruptures qui surprennent tout l'entourage se révèlent un peu plus tard en accord avec les éléments essentiels et fondamentaux de cette personnalité.

On relie la solitude à une incapacité à vivre en société : ce serait une faiblesse ou bien un handicap subi, justement à cause de cette faiblesse suspecte et sans que ce soit délibéré. Pourtant c'est cette solitude qui permet de se construire plus solidement en tenant compte de ses exigences propres auxquelles on ne peut pas renoncer et surtout en ne négligeant jamais cette cohérence intérieure tellement précieuse.

Il y a quelques décennies, les jeunes filles qui étouffaient dans leur environnement familial se mariaient pour s'en échapper. Il leur semblait que c'était la seule issue possible, même si elles travaillaient et pouvaient se prendre en charge par leurs seuls moyens.

On ne s'étonnera pas des fiascos catastrophiques que ces décisions hâtives ont provoqués. Le remède était bien pire que le mal : les enfants compliquaient une prise de décision libératrice, en même temps ils compensaient des frustrations affectives et la vie de ces femmes se déroulait cahin-caha jusqu'au moment où, les enfants devenus plus autonomes, elles pouvaient enfin s'écouter et devenir elles-mêmes à la surprise de leur entourage. Seuls des enfants aussi doués qu'elles avaient perçu ces élans sourds et si longtemps réprimés. La complicité implicite établie avec ces enfants perspicaces avait été d'ailleurs d'un grand réconfort durant les années de labeur obscur. Le conjoint avait suivi une voie toute tracée sans se poser de questions, son couple était à l'image de celui de ses parents, donc tout allait bien…

Dans notre société, ces constructions anciennes semblent vraiment archaïques, on ne les envisage même pas, on est surpris d'apprendre qu'elles persistent encore, assurant même la cohésion de certaines sociétés, mais l'exigence d'un épanouissement personnel devient sans doute de plus en plus impérative ; l'évolution se fera tout de même en prenant son temps. Dans de tels contextes, les pionnières sont admirables d'audace et de courage.

CHAPITRE VI

Le couple une fois construit, la personnalité se révèle

Quand un couple s'est rencontré, reconnu et construit, d'autres pièges surgissent : des qualités peuvent être mal comprises et considérées comme des manies dérangeantes par ceux qui ne comprennent pas l'importance qu'elles peuvent présenter. Il ne faut jamais oublier que les personnes douées se sont édifiées de façon plus complexe et élaborée : il fallait privilégier dans cette élaboration, parfois plus longue que la normale, les aspects les plus faciles à faire admettre par la société, ceux qui n'attiraient pas systématiquement l'attention et la méfiance qui en découle. Cette construction s'est encore renforcée durant les années de solitude précédant LA rencontre. C'est une édification subtile, complexe que la vie en couple risque d'ébranler. Même si l'amour constitue le meilleur des ciments, des points discrets d'usure peuvent apparaître.

Le perfectionnisme

Il en va ainsi du *perfectionnisme*, tellement caractéristique des personnes douées qu'il est souvent cité en premier. Il incite les gens doués à ne rien se pardonner et à se reprocher la plus petite erreur, vue comme une faute impardonnable. C'est une exigence impitoyable qu'ils s'appliquent à eux-mêmes, mais ils l'appliquent alors tout naturellement à leur partenaire qui n'a peut-être pas les mêmes exigences dans les mêmes domaines. Le premier semblera alors maniaque, à la limite de la pathologie, et l'autre d'une scandaleuse désinvolture, puisqu'il ne tient pas compte d'un besoin essentiel pour son partenaire.

Par exemple, pour l'un, chaque objet de la maison doit rester à la place exacte qui lui a été assignée, un manquement à cette règle intangible serait une grave transgression, le début d'un désordre vite intolérable. Tandis qu'à l'opposé, l'autre, en fait incapable de respecter cet ordre, se retrouve très bien dans son désordre, douloureux pour le premier, qui souffre d'autant plus qu'il a le sentiment que sa souffrance n'est pas reconnue. Il se voit renvoyer l'image d'un obsédé pointilleux, quasi invivable, alors qu'il s'agit pour lui de la plus élémentaire des règles de vie.

Cette exigence rappelle celles des enfants doués qui tremblent et s'effondrent quand ils n'ont *que* 17 parce que cette note honteuse ne correspond pas à l'image qu'ils ont d'eux-mêmes. Le désordre renverrait à celui qui doit le supporter une image chaotique de lui-même et de son environnement. Il pourrait peut-être constituer le premier indice d'un désordre plus grave encore, entraînant des dégâts considérables qu'on peine à imaginer tant ils seraient dévastateurs.

Ses réactions spontanées, incompréhensibles pour l'autre, peuvent, à la longue, ébranler sournoisement ce couple qui semblait pourtant solide.

Chacun doit alors faire une part de chemin pour éviter d'irriter à l'excès un partenaire scandalisé par cette inconcevable insouciance ou agacé par cette constante exigence.

La générosité au risque de se perdre

Une autre caractéristique peut être mal comprise et se retourner contre celui qui en est doté : *la générosité.*

À un journaliste qui lui demandait « Et en amour, comment vous comportez-vous ? », un célèbre comédien répondait : « L'acteur prend son plaisir dans celui de l'autre, vous avez votre réponse. »

Le propre des personnes douées est de s'appliquer à entretenir une harmonie, essentielle à leurs yeux. Elles seraient prêtes à consentir à des sacrifices pour maintenir cette paix, en assurant le bonheur de l'autre. Cette démarche n'est pas toujours reconnue pour ce qu'elle est : un véritable abandon de sa propre personnalité.

Madame Roland, si talentueuse et qui finit si tristement sur l'échafaud, issue d'une famille pauvre, épousa un homme bien plus âgé qu'elle respectait mais, écrit-elle : « Mariée dans tout le sérieux de la raison je ne trouvai rien qui m'en tirât : je me dévouais avec une plénitude plus enthousiaste que calculée. À force de ne considérer que la félicité de mon partenaire, je m'aperçus qu'il manquait quelque chose à la mienne. » La concision élégante de ce constat exprime à la perfection cette situation de constant renoncement à ses désirs.

Par exemple, le choix du lieu de vacances peut être crucial : pour l'un la montagne, son air cristallin, ses paysages grandioses, les efforts qu'elle demande, sa végétation subtile et précieuse procurent un bonheur qu'on ne peut comparer à l'abrutissement de ceux qui s'étalent sur une plage dans une promiscuité insupportable, attrapent des coups de soleil et vont se faire piquer par des méduses pour, ensuite, rapporter chez soi ce sable qui s'insinue dans les endroits les plus insolites et dont on ne peut se débarrasser. Celui qui aime justement se glisser dans une mer accueillante et oublier toute pesanteur déteste marcher avec de grosses chaussures, frôler des précipices vertigineux, ne cesser de monter et de descendre et enfin soigner chaque soir ses courbatures et ses ampoules après avoir ahané de longues heures sur des pierrailles hostiles et traîtresses.

Il faut bien que l'un des deux se sacrifie et se raisonne : après tout, ce n'est pas mortel, il ne s'agit que de quelques jours d'inconfort qui valent bien les relations paisibles que les vacances permettent. Il est tout de même un peu froissé parce que celui qui l'a emporté dans ce choix ne se rend pas compte de l'ampleur du sacrifice, il pense qu'il s'agit de peu de choses et que l'autre s'est raisonnablement rendu à ses arguments dont il a fini par reconnaître la supériorité. Il ne s'agissait finalement que d'un deuxième choix, mais d'un choix tout de même.

En son for intérieur, le gagnant de cette discussion pense que cette victoire a été facile, les convictions de l'autre n'étaient donc pas très fortes, elles ressemblaient davantage à un caprice. Son partenaire a cédé bien facilement parce qu'il n'a pas beaucoup de caractère : finalement, on peut faire de lui ce que l'on veut si on est suffisamment déterminé.

Celui qui a consenti au sacrifice de ses vacances de rêve conçoit quelque amertume quand il constate qu'il ne lui vaut aucune reconnaissance : bien au contraire, il contribue à donner de lui l'image d'une personne sans grande détermination, incapable de se rebeller pour faire valoir son choix par manque de personnalité, alors qu'il a dû se forcer durement pour relativiser l'importance de ses goûts.

Ce sacrifice risque même de conforter celui qui l'a emporté dans une idée de toute-puissance : il peut se permettre de se montrer tyrannique, sa victoire est quasiment assurée, et chacun s'installe peu à peu dans son rôle, presque caricatural, jusqu'au naufrage du couple, quand l'amertume déborde et que la tyrannie envahit chaque moment de la vie. Il n'y a plus d'équilibre, de réciprocité, de vrai dialogue, mais cette relation faussée s'instaure sournoisement, les dégâts qu'elle finit par entraîner peuvent surprendre celui qui n'a pas su détecter cette fêlure et y remédier. Sa réaction scandalisée sera sincère et il s'étonnera de cette rupture d'un contrat, si distraitement entamé que le dominant avait fini par être persuadé de son bon droit et de sa bonne foi : ses décisions avaient toujours été dictées par le souci du bien commun, mais elles envahissaient de plus en plus la vie au quotidien et la façon de s'y adapter.

On ne se méfiera jamais assez de ceux qui sont persuadés de la rectitude de leurs décisions quand il ne s'agit pas de celles qu'inspire une claire logique, ce n'est pas le même registre.

L'exemple du choix d'un lieu de villégiature est très parlant, mais ce peut être le choix des amis, des divertissements, du lieu d'habitation et, avec les conséquences dramatiques qu'on imagine aisément, celui du mode d'éducation des enfants.

Celui qui cède, finalement presque toujours, au point que l'autre estime qu'il s'agit d'une simple formalité, d'une discussion destinée à donner un peu le change afin de ne pas avoir l'air d'être trop dictatorial, commence à sentir son image s'effriter, il doute insidieusement de la rigueur de son jugement, peu à peu il se voit déconnecté de la vie quotidienne et des décisions pratiques puisqu'il est admis que les décisions ne lui reviennent pas. Les incertitudes connues dans son enfance ou dans son adolescence reviennent l'envahir, c'est alors une sensation familière qu'il retrouve, il lui est donc bien plus difficile de se reprendre pour retrouver un pouvoir de décision acquis au prix d'un effort passé, devenu désormais inutile. Sa personnalité risque de se déliter discrètement, ne sauvegardant que l'apparence.

On entend la nuance d'amertume de celui qui dit incidemment qu'il a cessé de voir ses amis parce que son conjoint ne les aimait pas. De surcroît, peut se glisser alors une obscure jalousie d'un passé que ce conjoint autoritaire ne connaît pas. Quels moments un peu trop joyeux sont évoqués dans une complicité implicite, effleurés par des allusions à peine esquissées, mais très parlantes pour les protagonistes ? Il est agaçant pour celui qui y est étranger de voir son conjoint flotter dans une douce rêverie, un sourire absent aux lèvres, quand des amis de longue date ont évoqué un incident apparemment sans intérêt ou alors, et c'est bien pire, quand tout ce monde plonge dans un fou rire irrépressible et impossible à expliquer. On conçoit que ces retours dans un lointain passé soient insupportables pour une personne qui aime bien exercer sa maîtrise sur tous les aspects de sa vie et, bien entendu, sur celle de ses proches.

Il est donc plus sage d'éviter ces fugues dans le temps, malgré le plaisir qu'elles procurent. Les joyeux souvenirs resteront sagement enfouis, la paix régnera.

Le risque de dépression

Les personnes qui perdent l'image d'elles-mêmes qu'elles avaient construite en utilisant toutes leurs ressources, s'enfoncent lentement dans un état d'indifférence discrètement teinté de dépression, mais qui n'apparaît pas comme telle. Quand leurs enfants, devenus adultes, parlent de leur enfance, à l'occasion d'une consultation par exemple, ils doivent se situer dans leur environnement familial pour donner d'eux une image plus précise. Lucides, critiques, perspicaces, et sans même se lancer dans une description très détaillée, ils évoquent l'ambiance familiale qu'ils ont toujours connue : c'est alors qu'apparaît dans le couple de leurs parents, de façon irréfutable, ce type de relation qui s'est établi sans crise et sans drame, d'une façon progressive et apparemment si naturelle qu'elle n'a alerté personne. Un des parents, souvent décevant pour ses enfants, s'est installé dans un état un peu flou, comme absent de la vie courante. Cette évolution a été si lente et si « normale » dans le contexte familial qu'elle n'a entraîné aucune réaction.

C'est l'enfant, une fois adulte, à la recherche de lui-même comme la plupart des personnes douées, qui découvre, avec son thérapeute, que cette situation n'est pas si normale qu'elle le semblait. Il est parfois possible de la modifier grâce à un éclairage précis et une compréhension plus objective de l'évolution du couple des parents. L'adulte qui revit son enfance et saisit les mécanismes ayant entraîné ce lent engourdissement pense alors qu'il est de son devoir de tenter d'aider son parent dont la personnalité paraît s'être diluée dans une indifférence de plus en plus marquée, après qu'il a commencé à renoncer à ses propres désirs. Il faut du temps, de la patience et une certaine abnégation de la part de l'enfant qui s'est chargé de cette mission pour que surgisse à nouveau une lueur, vestige de l'éclat d'une personnalité autrefois étincelante.

Les enfants comme moyens de pression

Quand la mésentente se charge d'hostilité, les enfants ne sont plus seulement les spectateurs d'un couple qui se délite, ils sont utilisés comme moyen de pression. Dans ce couple en guerre, faisant parfois régner une atmosphère de terreur, on entend dire : « Comment ! Tu veux qu'on se sépare, pense aux enfants ! » Justement, ces enfants ne souhaitent qu'une chose : que cesse ce combat constant auquel ils assistent de loin, dans l'escalier, dans une autre pièce, sous la table, c'est un déchaînement effrayant chez des personnes censées les protéger. Ils n'ont qu'un seul désir : le calme, la paix, le silence enfin.

Bien plus tard, ils se souviennent encore de ces moments de cauchemar qui les plongeaient dans l'angoisse.

Une injonction telle que « Pense aux enfants » revient à un chantage de la part d'un adulte qui se moque de la souffrance des enfants puisqu'il les utilise sans scrupule. Si cette injonction n'a pas suffi, c'est que les enfants n'ont pas su retenir celui qui aimerait respirer plus librement. Ils ont donc leur part de responsabilité. Le cauchemar se charge d'une noirceur inquiétante.

Parfois les manœuvres de celui qui craint de perdre son pouvoir dominateur sont plus subtiles et plus sournoises : il n'a de cesse d'amener son partenaire à penser comme lui, toute autre opinion serait sans valeur, il n'existe qu'une seule vérité, la sienne, il est dans la droite ligne d'un raisonnement rationnel. Il ne s'agit pas de convaincre l'autre en déployant des arguments dont on peut discuter, mais de l'amener à penser la même chose. Ce serait un insidieux lavage de cerveau appliqué en douceur, sans contrainte, sans violence mais avec une insistance sans répit et de façon suffisamment progressive pour passer inaperçu.

Passé les vertiges de l'amour

Des femmes tout à la fois romantiques et douées risquent, plus souvent qu'on ne le croit, de se laisser prendre dans un engrenage d'où il leur sera difficile de s'extraire. Elles ont baissé leur garde et épousé un jeune homme qui leur plaisait par son agilité intellectuelle : pour une fois, elles pouvaient goûter à des échanges dépassant les banalités, elles n'avaient pas besoin de se contraindre à rester trop banales, classiques et conformes à ce qu'on attend de la part d'une jeune fille qui doit éviter de se faire remarquer par trop d'originalité de pensée. Elles se sentaient reconnues pour ce qu'elles étaient réellement. Avec les années, ce jeune homme agréable, à l'esprit vif, capable de mener des discussions stimulantes, conserve ces qualités au-dehors et dans sa vie professionnelle, mais, chez lui, il laisse s'exprimer sa mauvaise humeur provoquée par les contrariétés du jour et il en rend responsable la personne la plus proche de lui, c'est-à-dire sa femme. Les enfants aussi en reçoivent des retombées, mais c'est sa femme qui est en première ligne.

Elle se voit renvoyer d'elle une image catastrophique de maladroite, d'idiote, d'étourdie, de capricieuse même si elle ose énoncer une suggestion, et elle est naturellement responsable de tout ce qui va de travers dans la maison, du chauffe-eau qui crachote aux impôts trop élevés. Ce n'est pas l'entreprise de démolition systématique du pervers, c'est l'expression d'une colère provoquée par toutes les frustrations et les épreuves généreusement dispensées par le quotidien, dans un cadre où cette colère n'entraînera pas de retombées trop graves. La sensibilité du jeune homme charmant lui a rendu plus douloureuses, et même insupportables, les péripéties désagréables qu'il lui faut affronter tout en le freinant dans ses réactions : il ne veut pas donner de lui l'image d'un homme susceptible, bougon, ou coléreux. Il se contient durant la journée, puis il explose quand il sait que les dégâts seront moindres.

Il n'y a plus d'échanges possibles, mais un désert hérissé d'épines, uniquement meublé de reproches, de critiques, dans une atmosphère étouffante, sans éclaircie.

Pour que cette femme accablée puisse se régénérer, retrouver d'elle l'image d'une personne séduisante, belle et intelligente, il faut un regard masculin appréciateur. C'est cette infidélité ou même une simple ébauche d'infidélité qui sauve un couple finalement peu désireux de se séparer pour de multiples raisons : ce n'est pas dans leur culture, ce serait compliqué pour les enfants dans la poursuite de leurs études. Même si cette atmosphère d'orage permanent n'est pas non plus très confortable pour eux, d'autres raisons, patrimoniales, économiques ou multiples et intriquées transformeraient le divorce en cauchemar.

Parfois, c'est une femme généreuse, attentive et intuitive qui remplit ce rôle de restauration : une fugue avouée en sa compagnie provoque une ombre de scandale, moindre que si elle avait été en compagnie d'un homme, mais pas obligatoirement une remise en question d'un homme qui estime alors ses critiques d'autant plus justifiées qu'elles s'appuient sur ces événements insensés.

Après le désordre provoqué par cette fugue, le mari perpétuellement furieux deviendra un peu plus prudent. Il a constaté, avec un effroi étonné, que ce qu'il pensait définitivement acquis pouvait être remis en question à tout moment.

Une image de soi à restaurer

À l'inverse, certaines femmes, qui ont été des jeunes filles vives et charmantes, d'une profondeur d'esprit rare, se révèlent peu à peu acariâtres, versatiles, exigeantes, sans être jamais satisfaites, elles sont déçues comme on est frileux ou carnivore, rien ne peut les réconcilier avec leur vie actuelle. Leur intelligence semble s'être sclérosée parce qu'elles ne mènent pas exactement l'existence dont elles avaient rêvé ou bien que le mariage et ses contraintes ont étouffé leur originalité de pensée et leur créativité. C'est encore pire pour elles si elles se rendent confusément compte qu'elles auraient pu concrétiser quelques-uns de leurs rêves à la condition d'en avoir eu l'énergie et la volonté. Les contraintes du mariage seraient un prétexte justifiant tous les échecs et toutes les dérobades et elles entendent bien le rappeler au « fautif » qui aura beau faire, il restera impardonnable.

Il est plus facile et plus confortable de renvoyer à leur mari l'image d'un homme impuissant, puisqu'il n'a pas su les comprendre, ni entendre et satisfaire leurs souhaits. On peut tenter de leur montrer qu'il existe des voies d'accomplissement possibles : s'il reste encore au fond d'elles-mêmes un frémissement que leur colère n'a pas totalement étouffé, elles pourraient amorcer une reprise en main de leur état pour retrouver un peu de l'élan qui les poussait dans leur jeunesse.

Parfois, c'est une amie qui a su comprendre le cheminement qui a mené cette femme en furie à ce désastre ; elle a pu lui faire découvrir des activités où ses dons allaient faire merveille en sachant les présenter assez habilement pour que cette femme amère et en colère désire rendre service par exemple. Le bénévolat est parfois infiniment réparateur, il renvoie une image très positive en excluant toute recherche marchande.

Plus classiquement, ce peut être un psy ou un équivalent qui conduit doucement cette femme abîmée vers une restauration d'elle-même en lui rappelant le plaisir éprouvé à utiliser ses dons. Ainsi, elle peut découvrir en elle une créativité artistique qu'elle n'aurait jamais songé à développer en temps ordinaire parce que ce n'était pas dans cette direction qu'elle avait entrepris des études. N'oublions pas que les personnes douées possèdent des dons artistiques qui peuvent rester totalement ignorés et qu'on découvre fortuitement à l'occasion d'une interruption des activités habituelles.

Les activités qui réparent le mieux font souvent appel à la générosité des personnes douées, l'impression de se sentir utile procure un sentiment de plaisir, très efficace dans une telle situation. Les productions artistiques réjouissent l'entourage et peuvent aussi être financièrement intéressantes : les tableaux et les belles photos se vendent. Si c'est pour une noble cause tout le monde s'y retrouve, tout comme les places de concert, les créations de vêtement, les décors et les costumes d'une pièce de théâtre… La colère se dissout dans ce bonheur de créer.

Les jeunes mères éblouies

D'autres, éblouies par la maternité, vivent un amour fusionnel avec leur nourrisson, sous les yeux d'un père exclu de cette béate relation amoureuse. Elles ne se rendent même pas compte que cette mise à l'écart leur est insupportable : puisqu'il s'agit du père de cet enfant admirable, il doit donc, lui aussi, tout sacrifier pour son bonheur, y compris son couple. Quant au père, il se retrouve dans la situation, bizarre et incongrue à ses yeux, d'être jaloux d'un nourrisson de quelques kilos et dont il doit aussi être fier. C'est, du moins, l'image qu'il tente de donner à son entourage forcément attendri par la venue d'un bébé, il se sent tellement honteux de ces sentiments mesquins et enfantins de jalousie qu'il déploie des efforts considérables pour ne pas les laisser deviner.

Paraître fier et heureux ne l'aide pas à améliorer son image : à la moindre tentation, il sera prêt à succomber pour se sentir à nouveau viril et séduisant, sans plus être freiné par la conscience d'encourir une réprobation justement indignée si cette escapade réconfortante était connue. Pour lui, ce réconfort restaurateur était vital. Ceux qui ont traversé pareille épreuve se garderont bien de critiquer un compagnon d'infortune.

Il fallait bien alors chercher ailleurs une chaleur disparue et tenter d'effacer le goût amer d'une trahison sournoise puisqu'elle ne se définit pas par le triangle classique.

La répugnance à mentir

Pourtant, à l'exception de ceux qui ne sauraient vivre différemment, les personnes douées n'aiment pas vivre dans le mensonge : leur attrait pour la cohérence et l'harmonie est contrarié, elles ne savent pas très bien mentir, elles commettent des maladresses, elles finissent par se trahir, ce qui est un moyen de mettre fin à une situation boiteuse en se déchargeant sur le conjoint de l'ennui et des tracas d'une rupture.

Il leur est difficile de vivre en paix quand il y a de multiples détails à cacher, à taire, alors qu'on aimerait en partager le récit avec quelqu'un qui l'apprécierait peut-être. Une complicité établie de longue date ne s'efface pas facilement. Il est désagréable pour celui qui a besoin de retrouver une image plus brillante de lui de la voir entachée par des mensonges, mais il lui fallait bien chercher à l'extérieur un reflet qui le réconcilie avec lui-même.

Plus encore que les autres, les personnes douées ont eu du mal à se construire d'elles-mêmes une image solide, il leur en faut peu pour que cette image ne s'effiloche, elles auraient trop vite tendance à se remettre en question, cherchant la « faute » commise qui a précipité leur partenaire dans ce rôle où on ne le reconnaît plus. Il est vital qu'elles se reconstituent à l'aide d'un regard appréciateur. Elles savent si bien donner le change grâce à leur humour et à leur agilité intellectuelle qu'on ne les imagine pas si fragiles. Même atténuées par un environnement peu favorable, subsistent toujours quelques indices de ces qualités remarquables, ce sont eux qu'a su détecter le sauveur perspicace et séduit.

Certaines rencontres dans ce contexte s'avèrent flamboyantes : c'est une révélation pour les deux partenaires qui ne s'y attendaient pas. Commence alors une suite de complications, de mensonges, eux qui détestent mentir, de stratégies complexes et de remords de trahir un conjoint qui n'a pour seul défaut que d'être ce qu'il est. Ses manques apparaissent avec plus d'acuité encore, le nouveau couple ébloui n'a pas le cœur de rompre cet enchantement dont chacun ignorait même la possibilité, mais personne ne se sent le courage d'enfoncer un poignard dans le cœur de son conjoint défaillant. Tous les arrangements envisagés sont malcommodes, frustrants, il est pratiquement impossible de tout concilier à moins de s'accommoder d'une vie morcelée, elle se présente désormais en un kit qu'on ne pourra jamais remonter, les pièces étant si différentes qu'elles ne peuvent être assemblées. La sagesse incite au renoncement, même si les amants éblouis le voient comme une mort, mais l'élan est parfois si fort qu'il incite à braver tous les obstacles en cédant à cette attirance magnétique. Ce nouveau couple, construit sur des braises, forcément ardentes, peut connaître une plénitude dont il ne pensait pas qu'elle puisse exister, mais l'ombre de la culpabilité la ternira quelque peu.

C'est le risque, peut-on dire, qu'on court quand on se résout à un mariage de raison incapable de combler une personne douée qui pensait qu'elle finirait par se satisfaire de ce conformisme sans éclat.

Les couples différents

Les frictions et les malentendus seraient moins fréquents et surtout moins dramatiques dans les couples de femmes homosexuelles. Elles ont pris la décision de vivre ensemble pour de multiples raisons, l'amour constituant évidemment la principale.

D'ailleurs nombre d'entre elles ont commencé leur vie amoureuse de façon très classique, elles ont été mariées, elles ont parfois des enfants.

Elles reconnaissent elles-mêmes avoir pris cette orientation parce que la vie en couple avec une semblable est infiniment plus facile. Elles sont assurées de trouver la compréhension, l'écoute, d'être accueillies pour ce qu'elles sont. Elles possèdent toutes les deux une sensibilité identique et risquent moins de s'entendre dire sur un ton indigné : « On ne peut pas imaginer d'être aussi sensible ! » quand elles racontent un événement qui les a froissées. La chaleur dont tout le monde a besoin est mieux assurée.

Cette même hypersensibilité est partagée, on ne peut mentir à l'autre qui a compris, sans avoir eu besoin d'explications, les orages émotionnels traversés par sa compagne. Il est alors impossible de blesser l'autre, parce que la souffrance provoquée serait ressentie tout aussi douloureusement par celle qui s'est fâchée.

Leurs caractéristiques propres sont prises en compte, les malentendus, bête noire du couple, sont vite dissipés et les centres d'intérêt communs sont plus nombreux, il est plus facile de s'y retrouver.

Quand l'une d'elles suit une thérapie, sa compagne en bénéficie aussi, les découvertes qui parsèment ce chemin précis sont immédiatement partagées, sans notion de rivalité comme il en existe parfois dans un couple hétérosexuel où le partenaire peut se sentir trahi, avec le sentiment qu'on ourdit un complot contre lui parce qu'il serait présenté sous un jour faussé, ce qui, d'ailleurs, arrive parfois, mais la motivation n'est pas la même : on peut consulter un psychologue pour y voir plus clair dans son couple. Il est rare que des femmes vivant en couple entreprennent cette démarche pour ce motif, sans doute les causes de friction sont-elles moindres et, en principe, elles se séparent plus facilement. Peut-être cette situation évoluera-t-elle avec un éventuel patrimoine acquis à deux et des enfants élevés en commun.

Tout comme il est peu probable que des femmes vivant en couple aillent voir *un* psychologue, les hommes dans cette situation ne vont pas voir *une* psychologue, pensant sans doute, et avec raison, qu'elle aura du mal à saisir leur problématique propre ; l'expérience, trop maigre à partir des quelques hommes venus en consultation, me manque.

Il faut tout de même se garder d'envisager ces couples-là sous un aspect toujours idyllique : comme partout, il y a des pervers cherchant à asservir leur partenaire en le persuadant de sa nullité et ceux qui aiment butiner le font avec le même plaisir et une identique inconséquence, qu'ils soient homosexuels ou non.

D'autres pièges encore

Le don intellectuel recèle d'autres pièges, encore plus subtils et entraînant encore davantage de malentendus. Il s'agit le plus souvent de femmes d'une extrême sensibilité, elles savent capter la nature profonde de ceux qui les approchent et elles sont séduites par des qualités qu'elles ont perçues sous une enveloppe un peu rugueuse. On se demande alors : « Mais que peut-elle bien lui trouver ? Ils ne sont pas du tout assortis ! » En réalité, au-delà de cette écorce bourrue, outre la dextérité intellectuelle, elles ont su détecter d'autres qualités comme la droiture, la noblesse d'esprit, la loyauté, une rigueur morale assurant le maintien de ces qualités appréciables, mais il faut aussi s'habituer à des aspects plus rudes, à une parole parcimonieuse, à l'étonnement renouvelé des amis circonspects. Finalement ces couples fondés sur la reconnaissance de qualités de fond, mais sans l'enveloppe qui adoucit le quotidien, ne tiennent pas toujours : trop de rugosité tue.

Certaines réactions de ces hommes aux qualités secrètes doivent être replacées dans le contexte de leur personnalité pour être convenablement comprises : on les voit tout à coup exploser d'une colère impossible à apaiser et qu'ils maîtrisent à grand-peine, sans qu'on parvienne à détecter les causes de cette explosion. Ils ont simplement eu le sentiment d'avoir manqué à leur mission de protecteur, de guide ou de soutien. Ils auraient dû aider leur femme dans des situations plus difficiles qu'elle ne parvenait pas à dépasser, ils se sont montrés défaillants, absents, faibles. En réalité, ils ont toutes les excuses possibles pour justifier ce manquement, leur femme ne leur reproche même pas cette défaillance, mais eux ont le sentiment de n'avoir pas su être présents au moment où il le fallait. Ils refusent toute justification, parce qu'elle leur semble une excuse donnée *a posteriori* et sans valeur aucune, ils ne voient qu'une seule chose : ils ont failli dans leur rôle de chef et de protecteur de la famille, cette idée leur est insupportable. Leur caractère entier ne leur permet pas d'alternative : ils explosent avec peut-être un sentiment de désespoir parce qu'ils ont trahi leur mission, ils se sentent nuls, débiles, cette image d'eux-mêmes leur est intolérable.

À leurs yeux, leur colère est parfaitement justifiée, ils se détestent et ils ne comprennent pas pourquoi leur entourage, à peine déçu, se montre aussi peu exigeant vis-à-vis de celui qui a trahi les attentes qu'il doit lui prêter.

Pour apaiser cette colère insensée, il suffit, en principe, de relativiser la portée de ce manquement, d'en atténuer les effets en proposant des solutions, mais il est plus sage et plus efficace d'attendre la fin de l'orage.

Dans cette situation précise, celui qui explose estime sa réaction légitime, mais il ne peut pas saisir le mécanisme qui l'y a conduit : il lui faudra du temps et une aide toute en finesse pour prendre conscience des exigences incroyablement contraignantes qu'il s'impose et de la profondeur insondable de son désespoir quand il ne parvient pas à les satisfaire. Il doit parvenir à se former une image claire des événements qui le font basculer ainsi dans une fureur insensée et combattre enfin cet idéal absolu qu'il s'impose et auquel il ne veut pas se soustraire. Bien se connaître prévient les drames et allège l'atmosphère. Un homme trop exigeant vis-à-vis de lui-même finit par laisser planer une ambiance lourde et étouffante : chacun vit dans la terreur de déclencher étourdiment ce déchaînement de colère douloureuse.

La reconnaissance des qualités devinées avec une intuition remarquable occulte le comportement adopté dans la vie de tous les jours et qui peut finir par devenir pesant. C'est une des conséquences de cette trop grande perspicacité, dont il fallait se méfier. Quand l'entourage s'étonnait de ce couple mal assorti, il était pratiquement impossible à la femme de justifier son choix en tentant d'expliquer un ressenti qui, par définition, ne s'explique pas clairement à cause de sa nature propre. Les mots les plus fidèles le trahissent tout de même. *On ne peut jamais expliquer de façon claire, cohérente et logique ce qui est de l'ordre d'une sensation profonde où se mêlent sentiments, logique rigoureuse et résonance d'un écho indéfinissable venu du plus profond de l'être humain.*

Dans une telle situation, la femme qui a été touchée par des qualités peu évidentes pour une approche distraite, traverse des tourments qu'il lui est difficile de partager : elle risque de commencer à se lasser de trop de silences et des rares regards qu'on pourrait croire indifférents parce qu'ils ne sont jamais accompagnés de paroles qui les auraient adoucis, mais elle sait aussi qu'une rupture provoquera une blessure dont son partenaire ne se remettra peut-être jamais. Elle tient donc jusqu'au moment où ce silence devient étouffant, c'est alors pour elle une question de survie, elle doit tracer sa propre route en essayant de refouler un sentiment de culpabilité qui surprendrait bien ses amis : ils se demandaient justement combien de temps elle pourrait encore tenir et ils louent sa constance et son sens du devoir.

Quand elle s'est libérée elle-même de ce poids qu'elle s'imposait, elle se sent revivre en dépit d'une culpabilité qu'il lui faut s'appliquer à combattre : ce départ était vital pour elle.

Le hasard heureux

Ce serait guidées par un instinct sûr que les personnes douées se reconnaissent quand leurs routes se croisent ; leur intuition leur inspire la conduite la plus adaptée, elles sentent que cette rencontre-là offre un aspect un peu différent, il ne faut pas laisser passer cette chance. Quand un hasard heureux, et même bienveillant, a mis en présence deux personnes douées, il ne faut pas rater ce rendez-vous organisé par un destin, pour une fois favorable.

Cependant, l'idéal reste difficile à trouver et cette quête est parsemée d'embûches, comme dans toute histoire initiatique. Le hasard heureux existe, mais des pièges peuvent en adopter toutes les caractéristiques et apparaître sous la forme d'un *coup de foudre.* Certes, on entend régulièrement de belles histoires où un seul regard a suffi pour que se nouent des liens si solides et profonds qu'ils ont paru exister de toute éternité. Malheureusement, il s'agit parfois seulement d'une attirance d'une force et d'une brutalité inouïes, bien difficiles à juguler. C'était une sorte d'explosion qui a laissé les protagonistes étourdis, comme après le passage d'une tempête ce coup de foudre en était presque un au sens propre. Revenus à plus de raison, les protagonistes se demandent comment ils ont pu être subjugués de la sorte ; ils ne se reconnaissent pas dans ce personnage tout entier pris soudainement dans une relation souvent inattendue. Ils se sentent aussi étourdis que s'ils atterrissaient brusquement après avoir été éjectés d'une autre planète.

Quelle subtile et mystérieuse alchimie est intervenue pour offrir cette échappée amoureuse ? Toutes les hypothèses sont possibles et on ne se prive pas d'en émettre fondées sur la chimie, la physique, les vies antérieures ou extraterrestres...

L'histoire peut parfois prendre une tournure tragique lorsqu'un seul des partenaires se reprend, l'autre ayant réellement cru que sa voie était enfin toute tracée. Pour celui-là, la chute est terrible, elle peut être mortelle. Les personnes douées conservent au fond d'elles-mêmes une certaine naïveté surtout quand il est question de sentiments. Elles aimeraient tant que survienne un miracle : toutes leurs interrogations disparaîtraient alors, ce coup de fondre leur apportant une réponse éclatante de clarté.

Pour la plupart, ce sera seulement une agréable escapade dont la mémoire conserve longtemps un tendre souvenir.

Sensible au passé du partenaire

Quand l'alchimie n'a pas été fugace, mais bien ancrée dans le réel, il convient alors de mettre ses qualités propres au service de l'entretien de ce couple miraculeusement édifié.

L'*empathie* permet de comprendre sans explications laborieuses, et donc inutiles, les réactions de l'autre. On doit se souvenir que pour les enfants doués, le monde s'écroule trois fois par jour. Une fois adultes, ils sont devenus un peu plus raisonnables, mais persiste la propension à dramatiser des événements mineurs, qu'on devrait à peine remarquer. L'adulte doué a tendance à ressasser un fait qui l'a froissé, troublé, meurtri. Des paroles blessantes, proférées négligemment, peuvent tuer ou, du moins, tuer quelque chose en lui. On entend des personnes dire : « Je n'oublierai jamais ce qu'on m'a dit ce jour-là. » L'auteur de ces paroles maladroites, ou bien d'une méchanceté perfide, sera toujours associé à cette attaque, mais on sait que les personnes douées savent comprendre les intentions ou les sentiments cachés, elles réagissent à la méchanceté qu'elles ont parfaitement perçue, même si elle était dissimulée sous des paroles faussement anodines, alors qu'elles oublieront la maladresse. Elles ne sont pas rancunières, elles préfèrent seulement éviter de s'exposer de nouveau à des flèches empoisonnées, elles cessent alors toute relation avec l'auteur de la perfidie. C'est un mode de défense qui paraît tout naturel : il est plus sage de prévenir une éventuelle attaque plutôt que de dépenser ensuite une énergie considérable pour réparer les blessures reçues, sans compter les cicatrices si longues à s'effacer.

Il est donc préférable que le partenaire comprenne ces raisons et la profondeur de ces blessures afin qu'il ne commence pas à reprocher une rancune semblant mesquine par exemple, alors qu'il s'agit d'une élémentaire protection.

Posséder le mode d'emploi de l'autre est indispensable, quand on sait à quel point un malentendu peut être vécu dramatiquement.

Connaître le passé de l'autre est également primordial. Cette connaissance permet d'éviter les mots ou les situations qui réveillent une souffrance. Il y a des blessures qui ne cicatrisent pas. On voit des adultes dans la quarantaine pleurer quand ils évoquent un moment particulièrement douloureux de leur enfance. Ils ne pleureront sans doute pas ailleurs que dans un cabinet de psychologue, mais leur souffrance reste à fleur de peau. Le partenaire saura instinctivement qu'il est plus judicieux de ne pas ignorer cette faiblesse, même si elle a seulement été évoquée sur un ton léger afin de ne pas donner de soi une image trop dramatique.

Ainsi, il y a des situations de jalousie ou bien déclenchant des réactions explosives, particulièrement pénibles pour celui qui les subit : elles peuvent sembler surprenantes, car survenant dans des configurations apparemment inattendues.

Il est néanmoins classique de voir un père qui a dû trimer pour parvenir à la position sociale confortable qu'il occupe maintenant, agacé par un fils considérant ces privilèges comme des acquis et traînant sans fin de vagues études : à son âge, son père travaillait pour payer ses études et n'avait pas le temps de traîner. Il risque de renvoyer à son fils une image lamentable de bon à rien, paresseux, indolent, alors que ce fils peut donner toute sa mesure dans un domaine qui le passionne et où il fera merveille, mais les paroles terribles de son père vont le poursuivre. C'est une blessure qui ne guérit jamais complètement, malgré tous les remèdes tentés.

Des relations troublées entre une mère et sa fille laissent aussi des traces indélébiles : de façon banale, une mère peut s'irriter de la grâce séduisante de sa fille au moment où elle-même commence inéluctablement à s'abîmer. Mieux vaut éviter les critiques trop cinglantes, elles réveilleront les remarques maternelles, parfois énoncées sur un ton d'apparente sollicitude, qui les rend plus cruelles et destructrices encore.

Il arrive aussi que pour des raisons familiales, culturelles, ou bien par un simple enchaînement d'événements contraires, des jeunes filles, qui rêvaient d'un accomplissement professionnel glorieux, parce qu'elles s'en sentaient capables, ont vu leurs aspirations se fracasser. Elles ont gardé de cette frustration une amertume impossible à faire disparaître. Le regard qu'elles portent sur leur fille qui a hérité de l'ambition maternelle et peut la concrétiser avec bonheur est dénué de toute tendresse, l'amertume prend encore le dessus.

On aurait tendance à se récrier, à penser qu'il est impossible qu'une mère ne cherche pas, par-dessus tout, le bonheur de sa fille, mais sa propre frustration a été si forte qu'elle ne *peut pas* l'oublier, ni en effacer les traces. Hier encore, elle rêvait d'un accomplissement glorieux, il lui est impossible de se comporter comme si toute sa vie avait été conforme à ses désirs. Ce serait presque malgré elle qu'elle ferait porter le poids de cette terrible frustration sur les épaules de sa fille, oubliant que les paroles maternelles ont plus de force que n'importe quelles autres paroles, même énoncées par des sommités reconnues.

Ces femmes belles, intelligentes, dont la trajectoire professionnelle est admirable, conservent au fond d'elles-mêmes une faille impossible à combler. Certaines de leurs réactions peuvent alors paraître surprenantes, incompréhensibles. Dans leur entourage on s'étonne, on cherche une raison complexe et mystérieuse, d'autant plus que, pour rien au monde, elles ne feraient allusion à ce drame souterrain entretenu par quelques phrases maternelles assassines, ou par un silence encore plus mortel quand il aurait fallu se réjouir. Elles aimeraient tant recueillir l'approbation de leur mère, allumer une lueur de joie dans leur regard en considérant la réussite de leur fille ; c'est alors seulement que cette réussite serait totale, mais leur mère si dramatiquement frustrée *ne peut se résoudre* à se réjouir d'une réussite qui lui a été refusée.

Plus rarement, des pères jalousent la réussite de leur fille, ils se gardent de la féliciter avec trop d'enthousiasme : certes, ils sont heureux que *leur* fille soit reconnue, son éclat rejaillit sur son géniteur, mais ils sont aussi vexés que cette enfant, bébé encore totalement dépendant il n'y a pas si longtemps, les dépasse en notoriété. La hiérarchie n'est plus respectée.

Quant aux mères un peu trop possessives, elles s'agacent longtemps qu'une autre bénéficie des avantages que procure la réussite de *leur* fils et elles expriment leur irritation par quelques remarques acides.

Il est tout naturel pour un partenaire à l'écoute de s'imposer une censure afin de ne pas réveiller cette douleur. Guidé par son empathie, il évitera tout mot malheureux et surtout il ne sous-estimera pas les traces toujours vives de ces blessures. Faire du mal à la personne aimée, revient à se faire souffrir soi-même. Une empathie, amplifiée par un sentiment amoureux, permet de saisir un malheur dans toute son amplitude et dans toutes ses retombées. Il aura aussi capté la situation et tous les non-dits qu'elle entraîne sans avoir besoin d'un récit circonstancié, impossible à évoquer tant il ravivera cruellement des marques inguérissables.

Certaines situations pénibles sont, bien évidemment, peu fréquentes et c'est d'ailleurs pourquoi elles sont si difficiles à saisir dans toutes leurs implications par le plus grand nombre. Les personnes douées réagissent plus violemment, elles souffrent plus profondément, elles cicatrisent plus mal et elles se construisent une armure plus efficace que seule une personne également douée sait percevoir, en même temps que l'ampleur de la faille.

On imagine donc les dégâts que peut causer la méconnaissance de cette sensibilité particulière et les ravages provoqués par des remarques énoncées distraitement, mais qui touchent un point spécialement douloureux.

D'ailleurs, spontanément, les personnes douées cherchent à réparer les marques douloureuses qu'elles savent percevoir. Elles s'y emploient avec d'autant plus de zèle, et donc d'efficacité, qu'il s'agit de la personne aimée. Soigner une blessure leur est tout naturel. On pourrait même dire que c'est un réflexe, dicté par leur nature soucieuse d'harmonie :

la douleur, physique ou morale, rompt l'équilibre, elle est le reflet d'une rupture de l'ordre, peut-être prémice d'un chaos encore plus grave.

Ces cas extrêmes, où les parents n'en finissent pas de régler leurs comptes avec un passé difficile, sont, heureusement, assez rares, la plupart des parents se réjouissent des réussites de leur enfant et les mères contemplent avec plaisir le reflet de leur beauté passée : la transmission est assurée. Chacune des réussites de leur enfant est aussi leur réussite à elles.

Certaines situations sont complémentaires, mais pour le pire : d'un côté, une mère froide, peu affectueuse, avare de tendresse et de gestes doux, et de l'autre, un fils d'une sensibilité exacerbée, comme en sont nantis les enfants doués, prêt à tous les sacrifices pour que, dans un moment de grâce inespérée, sa mère lui manifeste enfin un peu d'affection. Ce sera, naturellement, une attente douloureuse et vaine. Une fois adulte, cet homme en souffrance persiste à rechercher cette tendresse défaillante et il construit un couple avec une femme froide, peu affectueuse, avare de tendresse, espérant, toujours en vain, en recevoir quelques marques d'amour. S'il ne prend pas conscience de ce gouffre de frustrations où il se précipite, il risque de passer son existence à tenter de combler un vide sans comprendre comment s'installe cette situation tellement malheureuse, jusqu'au moment où il tombe physiquement malade de trop de soif d'amour. Seule une femme également douée et perspicace peut l'extraire de cet engrenage mortel.

Un amour fusionnel… vite étouffant

Comprendre l'autre dans les profondeurs de son passé et de la façon dont il a été vécu ne signifie pas être fusionnel. Les deux parties d'un attelage ne sont pas fusionnelles, elles perçoivent l'autre avec toute leur science et saisissent le plus léger trébuchement. Instinctivement elles renforcent leur soutien, pour maintenir la cohésion qui fait leur force. C'est une aide réciproque qui donne de l'assurance. Combien de personnes, au sortir d'épreuves particulièrement bouleversantes, se félicitent du soutien de leur partenaire, sans qui elles se seraient peut-être effondrées. Certaines personnes, douées ou non, ne conçoivent pas l'amour d'une autre façon.

Il en va tout différemment, quand le besoin de l'autre est tel qu'il ne lui laisse ni répit ni espace propre. Au début, tout partager dans la chaleur d'un amour qui se découvre peut paraître très séduisant. Les anciennes blessures se referment grâce à la douceur de sentiments encore inconnus : on est deux, on partage tout, chacun comprend l'autre comme s'il l'avait toujours connu parce que, enfin, les élans sont les mêmes, la découverte d'un semblable est enivrante, pour la première fois on a la sensation de n'être pas seul. C'est un bonheur ouaté et vaporeux : qu'y a-t-il de plus doux que la sensation de flotter en apesanteur ?

Tout amour naissant s'accompagne de ce sentiment de changer d'univers et d'éclairage de son quotidien. L'intensité propre aux personnes douées rend sans doute cet éclairage plus fort et plus précis, il fait davantage ressortir la beauté des choses, mais le reste du monde continue d'exister.

Quand un des partenaires conçoit l'amour uniquement sous forme d'échange total, absolu et constant, le territoire propre à chacun disparaît pour ne former qu'un terrain vaste, mais clos, où toutes les émotions, tous les centres d'intérêt, toutes les préférences sont partagées.

Pour ceux qui ont tant souffert de l'incompréhension des autres, qui ont vécu en couple, tout en conservant un atroce sentiment de solitude, paraissant irrémédiable, cet univers fermé sur lui-même, mais prodiguant en abondance un réconfort inconnu jusque-là, cette chaleur inédite vaut bien quelques sacrifices.

Si on ne l'est pas par nature, on ne devient pas fusionnel parce qu'on a noué des liens amoureux avec quelqu'un qui renvoyait un écho à des besoins profonds. On goûte le plaisir d'être compris, mais, peu à peu, un sentiment d'oppression s'insinue, on se heurte aux barrières de l'espace clos, on étouffe, on aspire à un territoire qui serait le sien propre, pour y évoluer à son gré, lire et réfléchir en suivant ses propres attirances, l'attelage devient une contrainte pesante, insupportable.

Tandis que l'autre continue à se plonger avec délice dans un océan tiède et infini, celui qui commence à se reprendre constate qu'il va lui falloir se battre durement pour s'extraire de ce piège gluant.

Retrouver un peu de son libre-arbitre revient à plonger un poignard dans le cœur de son partenaire. Il avait bien reçu le message : « Tu es le premier à me comprendre, à ne pas me blesser par égoïsme, je n'avais jamais connu ce bonheur auparavant, je vis enfin. » Ce qui signifie : « Si tu me quittes, je meurs. » Tout désir de retrouver un espace propre, ne serait-ce que pour quelques instants, sera vécu comme un abandon, avec les conséquences inéluctables qui en découleront.

L'idée de brandir un poignard est inconcevable, on ne peut pas assassiner quelqu'un qui a offert de tels moments de douceur. Il faut tenter de se ménager des moments de retraite, de vraie solitude, mais il devient difficile d'échapper à un des effets pervers du téléphone portable. Un petit appel bref ne saurait faire trop de dégâts ni causer trop de dérangements, mais il perturbe complètement celui qui voulait respirer en paix son propre oxygène.

Si le courage manque pour commettre un acte qu'on craint irréparable, on risque de mourir étouffé par cette ouate alors que, peut-être, celui qui gémissait tant à l'idée de se retrouver seul allait finalement se remettre sans tarder en chasse à la recherche d'une autre proie. Comment savoir ?

Dans tous les cas de figure, il est préférable de dépasser son éblouissement pour se fier à son ressenti profond. On a été aveuglé, pourtant il y a toujours un signal d'alarme, parfois à peine perceptible, mais on ne veut pas en tenir compte, l'intensité du sentiment efface tout le reste.

C'est bien plus tard, trop tard évidemment, qu'on se rend compte que le signal devenait de plus en plus insistant, mais on l'attribuait à des réminiscences d'histoires passées à l'issue désastreuse. Il y a une règle d'or à appliquer dans la plupart des circonstances, et pas seulement dans la vie amoureuse :

on doit toujours se fier à son intuition. Simplement, parfois, la tentation est si grande de goûter encore un peu de douceur, même si on la soupçonne d'être mortelle, qu'on se laisse aller à prolonger cette chaleur fallacieuse jusqu'à se trouver ligoté, sans rémission semble-t-il, par des liens serrés et oppressants.

La sagesse préconiserait de se protéger dès la première sensation d'étouffement, sinon on risque de se sentir dépérir, peu à peu asphyxié au point d'être incapable du moindre sursaut ou bien on endosse, à son corps défendant, l'habit du bourreau et on plonge un poignard dans un cœur si tendre en luttant de toutes ses forces pour ne pas être étouffé, cette fois, par la culpabilité. Pour la victime s'ouvre une voie royale : elle peut gémir en toute légitimité, elle n'a aucun tort, elle perd sa raison de vivre, pas une seconde elle ne se remet en question, sa conception des relations amoureuses ne peut être modifiée, elle ne comprend pas pourquoi cette fusion réconfortante a été anéantie. Les amis compatissants réconfortent cette « victime » effondrée. Ils voyaient dans ce couple presque exemplaire l'image d'un amour partagé et heureux : deux tourtereaux incapables de vivre l'un sans l'autre, sans penser une seconde que l'un des deux était en train de mourir pour avoir dû faire abstraction de son identité propre.

Il faut une grande force d'âme pour assumer ce rôle détestable, mais les véritables amis, forcément doués et donc assez perspicaces, expriment sans détour leur soulagement de voir que leur ami a réussi à s'extraire de ce piège mortel.

La formulation de ce mode de relation pourrait laisser entendre que la vraie victime est masculine et que le cocon étouffant serait plutôt le propre des femmes ; il n'en est rien, les rôles sont répartis à égalité, des femmes sont contraintes, dans un ultime sursaut d'instinct de conservation, de recourir au poignard, heureusement généralement métaphorique, face à des hommes qui savent très bien enserrer leur partenaire de mille liens insistants.

Une « pitié dangereuse »

Il ne faut jamais céder à la pitié et nouer une relation fondée sur ce genre de sentiment : il déséquilibre complètement un couple, chacun connaissant la tentation de reprocher à l'autre ce rôle adopté depuis le début, même s'il n'était, tout d'abord, pas vécu comme tel. Celui qui réalise qu'il inspirait pitié est vexé, il s'attribuait d'autres charmes, bien qu'il ait plus ou moins consciemment utilisé cette arme de séduction quand il avait constaté son efficacité, et celui qui a endossé un beau rôle se sent floué puisque la noblesse de son acte n'est pas du tout reconnue, au contraire, elle apparaît comme l'expression d'un esprit qui se croirait supérieur. Il se voulait preux chevalier ou noble dame, dispensant avec générosité les dons octroyés par la nature et il se retrouve avec l'image de quelqu'un cherchant à valoriser son image à bon compte.

Certes, il est indispensable que les deux protagonistes se situent dans la même partie de la courbe de Gauss (p. 33), mais pas seulement : leur approche de la vie doit présenter des similitudes, les forces de l'un compensent les faiblesses de l'autre, en observant un certain équilibre qui s'établit d'ailleurs spontanément. Un sentiment de pitié interdit tout équilibre et fausse complètement les relations. Il peut constituer l'amorce d'une relation perverse.

Les personnes douées suscitent parfois l'agressivité de ceux qui ne se sentent pas toujours capables de les égaler : ils les accablent alors de reproches mesquins, qu'ils estiment totalement justifiés. Si la relation s'envenime, celui qui se sent moins doué n'aura de cesse de dévaloriser l'autre, pour lui démontrer inlassablement qu'il possède bien des failles et bien des manques. S'il y a effectivement une faiblesse, telle qu'une absence de diplôme par exemple, ou une maladresse dans le maniement d'une langue étrangère, ou encore une maladresse motrice, comme en présentent certaines personnes douées, ce manque sera souvent rappelé, étendu aux domaines proches. Celui qui veut à tout prix masquer ses doutes, saura faire habilement disparaître la menace d'une supériorité trop évidente.

Des pathologies à connaître

S'il est impératif pour la réussite d'un couple qu'il y ait une similitude intellectuelle, cette nécessité est loin d'être suffisante. Un niveau intellectuel élevé ne signifie pas une absence de défauts, parfois rédhibitoires.

Certaines pathologies ne sont pas immédiatement évidentes : même si on diagnostique un peu trop souvent chez les personnes douées une bipolarité, en fait inexistante, cette pathologie existe bien et elle n'est pas manifeste durant les périodes de rémission, à la condition de ne pas interrompre le traitement. On peut la décrire comme des troubles de l'humeur suffisamment graves pour nécessiter un traitement. Ce sont des personnalités très séduisantes quand elles apparaissent dynamiques, entreprenantes et courageuses, mais il y a aussi des périodes d'excitation exagérée durant lesquelles on peut avoir un feu d'artifice de plaisanteries et de jeux de mots, suivies de moments de grave dépression allant jusqu'à provoquer un geste fatal. Entre deux crises, ce sont des gens charmants, adorables même, généreux, vifs et spirituels, d'une jaillissante créativité. Le danger existe que dans l'euphorie de la joie amoureuse, ils négligent leur traitement et basculent à nouveau dans la dépression la plus noire ou dans l'exaltation la plus dangereuse à cause des décisions absurdes qu'ils risquent de prendre à ces moments-là. De toute façon, la menace d'une crise planera jusqu'à la fin. Il est impératif de prendre son traitement, y compris quand tout va bien, il n'y a pas de guérison miraculeuse dans ce domaine, même si on dit couramment que l'amour fait des miracles. C'est un risque qu'on ne peut prendre. Néanmoins, il faut bien s'assurer que cette maladie existe réellement et qu'on ne nomme pas ainsi une personnalité douée et vite passionnée. Dans ce cas, l'assurance que procure un couple solide fait disparaître tous les symptômes qui auraient pu être mal interprétés. Il est inutile de vivre avec une menace, en réalité cette fois imaginaire, planant constamment et gâchant les meilleurs moments.

Parfois, des jeunes gens basculent : ils subissent une pression qu'ils supportent mal à cause de leurs études devenues exigeantes, alors qu'ils avaient toujours ignoré ce genre de tension, s'y ajoute un sentiment d'insécurité, également méconnu jusque-là, ou bien qui se révèle parce qu'ils sont fragilisés et ils explosent dans une bouffée délirante, impressionnante pour leur entourage. Certains psychiatres ne sont pas très rassurants. « Un coup de tonnerre dans un ciel bleu », disent-ils sans songer que celui qui a ainsi basculé va vivre le reste de son existence dans la crainte d'une récidive, surgissant sans préavis. Comment construire alors sa vie avec cette menace constante ? Dans ces cas-là pourtant, il faut *toujours* chercher les événements qui ont déclenché la crise et les analyser afin que celui qui a vacillé ne vive plus dans la peur d'une nouvelle crise. Il a pu identifier et combattre ces causes cachées, il saura désormais les reconnaître et les vaincre avant qu'elles ne provoquent leurs effets délétères. C'est une démarche indispensable, pratiquement impossible à mener seul, toutefois, on doit impérativement s'adresser à des thérapeutes connaissant bien les personnes douées pour éviter des interprétations erronées. Quand le chemin suivi est juste, la découverte et l'identification des causes sont immédiatement reconnues et leur réalité apporte un soulagement quasi instantané, tout comme le remplacement de la pièce défectueuse identifiée dans un mécanisme délicat permet à celui-ci de fonctionner à nouveau à la perfection.

De vraies pathologies qui ne sont pas vécues comme telles

La jalousie

Elle est considérée comme une caractéristique éloignée de toute pathologie, alors qu'elle débouche souvent sur un véritable trouble de la personnalité. Soigneusement contenue lorsque débute une relation, la jalousie exerce ses ravages destructeurs une fois le couple bien construit. Tout d'abord, elle prend les apparences d'un amour passionné, un peu possessif peut-être, avant de se révéler dans tout son aspect pathologique. Le jaloux se justifiera toujours en s'appuyant sur des indices infimes, mais qu'il voit comme d'indubitables marques de trahison. C'est peut-être un scénario qui lui est nécessaire pour entretenir un lien passionnel : on se fâche, on pleure, on se réconcilie dans un grand élan pimentant une sexualité, autrement trop terne et même parfois défaillante, ou bien que le jaloux élaborant cette mise en scène craint défaillante.

À moins de se faire soigner, le jaloux est incapable de calmer ses soupçons, tout comme il ne peut pas être convaincu par toutes les preuves de bonne foi qu'on lui fournit : il trouvera toujours une imperceptible faille confirmant la validité de ses doutes.

Un décolleté, du maquillage, du vernis à ongles même, une ceinture mettant en évidence une taille élégamment fine, constituent autant de marques d'un désir de séduction qu'il faudrait être aveugle pour ne pas les comprendre comme telles.

Le partenaire d'une femme jalouse est horriblement gêné quand cette dernière critique à haute et intelligible voix une jeune femme qu'il a eu le malheur de regarder. Le jaloux ne voit rien d'anormal dans son comportement, il ne fait que défendre légitimement « son bien », tout le monde devrait le comprendre. La pire erreur serait de voir dans cette jalousie exacerbée la manifestation d'un amour fou, bien qu'un peu exclusif. Plus tard, ce partenaire naïf tombe des nues quand il découvre que cette femme possessive et soupçonneuse collectionnait les amants.

En fait, le jaloux juge les autres semblables à lui, il ne peut pas leur faire confiance puisqu'il sait qu'on ne peut pas se fier à lui. Si lui, est infidèle, c'est que tout le monde l'est et surtout son partenaire. En même temps, les manifestations ostensibles de sa jalousie lui servent à masquer ses fredaines : on n'imaginerait pas qu'une personne tellement soucieuse de rigueur morale puisse se conduire de cette façon inconséquente.

La jalousie ne se guérit pas, à moins qu'elle soit la conséquence de chocs anciens qu'il convient de reconnaître et d'identifier clairement pour les combattre et en atténuer les effets nocifs. Quand son histoire est reconstruite d'une façon cohérente et véridique, le jaloux qui souffrait d'une blessure jamais cicatrisée retrouve une maîtrise normale de ses sentiments. En revanche, une jalousie pathologique que rien ne justifie dans l'histoire du jaloux ne peut pas disparaître d'elle-même.

L'alcoolisme

L'alcoolisme s'attaque aux personnes douées quand elles sont vulnérables et plus fragiles. L'alcool leur a procuré la chaleur dont elles avaient besoin lors d'un passage plus mouvementé de leur existence. Il les a bercées de l'illusion d'un réconfort facile à se procurer, socialement admis quand cet alcoolisme n'est pas gênant : on boit un peu en société pour se donner du courage, voire de l'audace, et se montrer vif d'esprit, spirituel et séduisant parce qu'on aura surmonté sa timidité et ses doutes. Et puis le plaisir pris à voir disparaître des obstacles qu'on croyait insurmontables devient de plus en plus tentateur et s'amorce alors cette glissade dramatique rendant indispensable cette aide à la vie.

Au début, quand l'alcool n'a pas encore exercé ses ravages irrémédiables, celui qui en est devenu dépendant bénéficie de toutes les qualités qu'il lui octroie, puis il commence à se détériorer sans retour possible si rien n'est entrepris pour lui permettre de s'extraire de cet engrenage mortel.

L'alcoolique adopte dans le couple la même stratégie que l'homme violent qui bat sa partenaire sans même prendre la peine de trouver un mobile. Revenu à la raison, il se repent, va jusqu'à faire un cadeau, parfois aussi modeste qu'un bouquet de fleurs, mais c'est l'intention qui compte, et surtout il gémit que la présence de sa femme lui est absolument nécessaire, sans elle, il meurt, soit de désespoir, soit en se tuant. Compatissante et attendrie, la femme est alors d'accord pour replonger inlassablement dans son enfer à moins qu'une intervention extérieure ne l'aide à s'en sortir. Il lui faut dépasser la culpabilité qu'elle éprouverait si les menaces étaient mises à exécution.

Quand une personne douée a connu trop de froideur dans son enfance, elle peut être tentée par le gai réconfort de l'alcool. L'enchaînement n'est pas le même pour les hommes violents dont la personnalité est scindée, ils ont le sentiment que ce n'est pas eux qui se sont conduits avec cette brutalité qui ne leur ressemble pas dans leur quotidien. Sans doute un moment d'égarement…

Dans les deux cas, ceux qui font de la vie de leur femme un cauchemar savent trouver les mots et les attitudes qui les retiennent, au grand étonnement de l'entourage qui, lui, n'est pas dupe, surtout quand il constate, à l'occasion, le nombre invraisemblable de chutes et d'accidents divers qui s'abattent par une malchance inouïe sur une jeune femme pas particulièrement gauche. Elle donne toujours une explication pour justifier ses hématomes, ses fractures, et elle reste.

Dans ces histoires, on retrouve la pitié dangereuse, si mauvaise conseillère dans la construction d'un couple.

D'autres modes de relations

Il est un cas de figure qui surprend encore notre image classique du couple : c'est la femme qui assure les revenus et l'homme reste au foyer : il s'occupe de la bonne marche de la maison, des enfants, des repas. Il possède d'indéniables qualités et exécute sa mission à la perfection. Il faut simplement affronter le regard un peu étonné de l'entourage. Cet homme a d'ailleurs généralement exercé un métier, mais une succession de déboires, pas forcément de son fait, l'a conduit à cette démission au regard de la société. Il peut aussi être un artiste qui a besoin de temps pour créer et il s'arrange alors pour se ménager des moments à lui. Rassurée sur la sérénité du foyer, sa femme peut désormais se consacrer plus facilement à sa vie professionnelle sans se sentir coupable vis-à-vis des enfants.

Cet arrangement lui convient aussi parce qu'elle mène sa carrière sans trop s'encombrer des exigences liées à sa place de mère, tout en offrant une image lisse et conforme aux normes : elle est mariée, elle a des enfants, tout est en ordre. Les enfants s'accommodent bien de cette organisation, même s'ils sont un peu gênés à l'école quand on parle de la profession du père. On met alors au point une présentation acceptable d'un père qui peut mener son activité dans la maison et distraire quelques heures pour s'occuper de ses enfants.

Toutefois, dans certaines configurations, ce mode de relation peut devenir exaspérant pour une femme dynamique : émue par la situation pitoyable d'un homme, elle l'a accueilli pour l'aider à se remettre, mais il s'incruste et n'envisage pas du tout de partir, il trouve mille excuses pour justifier ce séjour prolongé. Victime de sa générosité, l'hôtesse, qui a parfois aussi été plus avant dans cette relation sans penser s'engager véritablement, se trouve complètement piégée. Elle a eu un moment de faiblesse, surtout dû à son bon cœur, et elle ne sait plus comment s'en sortir. Parfois, ce sont ses enfants, déjà assez grands pour prendre des initiatives, qui volent à son secours, mais il est difficile de se débarrasser d'un parasite collant qui est, malheureusement pour sa victime, doté de certaines capacités lui inspirant les tactiques les plus efficaces.

On lui paie alors le loyer d'un lieu où il pourra vivre loin ; c'est, généralement, le seul moyen de se défaire d'un individu qui a depuis longtemps oublié comment se prendre en charge. L'altruisme conduit parfois celui qui a trop écouté son cœur dans des complications infinies.

Une entente trop restreinte

Certains couples se sont construits sur une entente spécifique qui peut, par exemple, être purement intellectuelle. Ils lisent les mêmes livres, voient les mêmes films et peuvent ensuite en discuter avec plaisir, les remarques de l'un nourrissant la réflexion de l'autre. Leurs conversations sont un pur délice que chacun savoure et apprécie comme il se doit. Visiter une exposition, assister à une conférence ou faire un voyage culturel, mais inédit, soude encore davantage leur entente. Ils progressent de concert dans la voie de la philosophie, de la sagesse, de la connaissance. On les envie. Ce sont des gens charmants, on ne s'ennuie jamais en leur compagnie, au contraire, on les rechercherait plutôt tant ils sont fins, spirituels, cultivés avec tact.

Il y a tout de même une ombre à ce tableau enchanteur : leur entente physique est nulle, complètement inexistante, ils ont fini par faire le deuil de cette exaltation puisque leur accord dans l'art de la conversation, et tout ce qu'il implique de plaisir dans la dégustation des joies intellectuelles, est source de bonheur.

Leur délicatesse d'âme leur interdit d'aborder ce sujet précis, au contraire, ils l'évitent soigneusement, comme s'ils ne se sentaient pas concernés par ces pulsions, qui, pourtant, mènent souvent le monde.

Ils se résignent à faire leur deuil de ce bonheur-là, dont ils gardent pourtant un vif et délicieux souvenir, mais la conversation restait trop banale et convenue avec cet ancien partenaire, par ailleurs tendre et attentionné, et les réminiscences de ces expériences passées s'estompent peu à peu. Le choix ne s'est pas posé longtemps, la richesse des échanges intellectuels l'a emporté et l'abstinence aurait ses vertus…

À l'opposé, d'autres couples se sont construits sur une entente physique exceptionnelle à laquelle aucun des deux n'est prêt à renoncer. Ils s'entendent bien au quotidien, ils suivent un chemin identique pour les menus faits de tous les jours, ils partagent à peu près une approche semblable de l'existence et une même compréhension des événements, mais l'un d'eux se hérisse à la seule idée de lire le livre qui passionne son partenaire, il s'endormirait à la troisième page ; quant au partenaire, il considère avec un étonnement incessant la littérature lue avec ferveur par l'autre en se demandant si elle est écrite dans la même langue que celle qu'il pratique : en tout cas, les concepts abordés ne sont pas du tout les mêmes. Chacun comble ses centres d'intérêt avec des amis qui les partagent, il est facile d'aller seul au cinéma et, pour les vacances, on trouve un accommodement qui satisfasse à peu près les deux. Ce sont de petits arrangements qui valent bien le bonheur ineffable qu'ils goûtent quand ils se retrouvent et que l'entente se passe de mots. On peut être authentiquement doué sans avoir un goût particulier pour la littérature, mais il est tout de même préférable de partager les émotions que procure la contemplation de l'art.

Ces couples à l'économie particulière peuvent se défaire tout à coup

Arrive un jour où l'un des deux se lasse le premier de cet accord boiteux, il a envie de commenter un article ouvrant de nouvelles voies de réflexion, de partager l'émotion que suscite un film, il commence à chercher d'éventuels interlocuteurs jusqu'au moment où cette conversation devient plus intime, et il découvre qu'il est possible de concilier entente physique enivrante et remarques philosophiques.

Ceux qui ont longtemps nourri leur amour d'échanges spirituels pimentés d'un humour subtil que peu savent saisir et apprécier restent, presque à leur insu, capables d'être tentés par les vertiges de l'amour et ils basculent un jour avec un ravissement dont ils avaient oublié le goût. Par exemple, d'austères professeurs d'université sont tout à coup séduits par une étudiante qui n'a pas ménagé ses efforts, avec le double but de séduire ce professeur dont la place prestigieuse est valorisante pour celle qui s'introduit dans son intimité, et celui d'avoir l'assurance d'être reçue à l'examen. Ou bien c'est la femme qui rencontre par hasard un ancien amour de jeunesse et tous les deux ont envie de retrouver le goût de leur fantaisie d'antan.

Ces escapades peuvent tout aussi bien s'arrêter d'elles-mêmes parce qu'elles troublent à l'excès une existence bien réglée que dynamiter un couple quand l'un des deux, ou les deux ne se sentent pas le cœur de renoncer à des délices dont ils avaient oublié l'attrait.

Cet éclatement surprend leur entourage : ils donnaient si bien l'image d'un couple qui avait su s'accommoder de leurs différences, l'humour partagé pour les uns, l'éclat resplendissant que donne une vie sexuelle comblée pour les autres, paraissaient suffisants pour assurer la cohésion d'un couple.

On ne peut pas privilégier un seul domaine où se retrouver, une faille se creuse silencieusement et finit par devenir un gouffre où sombrent toutes les complicités. Dans ces deux derniers modes d'entente le don intellectuel a fonctionné comme un piège, il gommait des différences qui ont sournoisement sapé un lien apparemment solide, mais finalement plus instable que ne le croyaient les protagonistes.

Chacun pense que les autres sont comme lui. C'est, en particulier, pourquoi la notion de don intellectuel ne peut pas toujours être comprise dans tout ce qu'elle implique : pour beaucoup, un éclat attirant l'attention ou une remarque d'une admirable perspicacité seront considérés comme accidentels, usurpés, ou inspirés par une lecture ou une phrase entendue par hasard. On ne les attribuera pas systématiquement à des capacités de raisonnement supérieures à la moyenne. Des différences trop profondes ne seront pas saisies dans toute leur ampleur. L'autre doit être un écho, il n'est pas concevable qu'il en soit autrement quand une attirance échappant à la raison exerce son pouvoir. Si, de surcroît, le fonctionnement intellectuel suit un rythme identique le couple ainsi formé peut affronter toutes les tempêtes.

En revanche, tout est également en place pour qu'un piège soit amorcé.

Les personnes douées piégées par un pervers

Ce piège devient une arme terrible et presque mortelle quand il est utilisé par des individus pervers, insensibles à tout sentiment. Cette insensibilité leur permet de manipuler leurs proies sans aucun scrupule puisqu'ils ignorent la souffrance : elle reste pour eux une notion abstraite dépourvue de réelle signification. De même, la vérité et le mensonge sont des concepts abstraits qu'on utilise en fonction des besoins du moment : ils n'existent pas comme tels, on peut affirmer n'importe quoi si les circonstances l'exigent. Ces affirmations sont déconnectées de toute réalité, elles sont adaptées aux diverses situations et permettent de rester fidèle à la ligne de conduite fixée. Un pervers énoncera une contre-vérité avec un aplomb stupéfiant qui finira par faire douter ceux qui étaient pourtant des témoins directs. Pour lui, la vérité n'existe pas, seule existe *sa* vérité.

Ces pervers appliquent un mécanisme curieusement identique dans tous les cas, mais à l'évidence imparable.

Aucun signal d'alarme ne se met en marche tant les débuts de ce type de relation toxique paraissent heureux et presque idylliques.

Les personnes douées se caractérisent très tôt par leur générosité, leur sens de la justice, leur sensibilité qui les poussent à venir en aide à quelqu'un dans la peine : tous ces éléments vont être utilisés pour échafauder un piège imparable.

Ainsi, il existe un scénario bien rodé : une jeune femme que la vie a malmenée, qui n'a connu que des malheurs, réagit avec courage, mais elle est accablée par ces drames dont l'enchaînement est incessant. La voilà abandonnée avec de très jeunes enfants, gagnant petitement sa vie tant les contraintes qui l'oppressent sont prenantes et voici qu'un sauveur apparaît dans sa vie malheureuse : qu'importe s'il est déjà installé en couple, sa générosité lui commande de voler au secours de la pauvre victime d'un sort injuste et malfaisant. Il est révolté par cette accumulation de drames s'abattant sur une femme courageuse. Peu à peu il consacre toute son énergie à lui venir en aide, cette mobilisation est plus aisée s'il est complètement disponible, mais, s'il ne l'est pas, il se rendra suffisamment libre pour accomplir sa mission de sauvetage, quitte à provoquer des dégâts ailleurs. Il en est arrivé à penser que la femme qu'il est donc contraint de délaisser ne sera pas à plaindre, son sort est moins malheureux, elle recevra des compensations financières, elle s'en remettra...

Ce preux chevalier, désormais tout entier voué à sa mission, pare tous les coups assénés par un entourage malveillant : en première ligne le père des enfants, mécontent de voir son territoire envahi, même s'il ne l'occupe pas, par les enfants eux-mêmes parfois, parce qu'ils ne savent plus très bien quelle alliance nouer et qu'ils aimeraient ménager tout le monde, dans ce cas précis ils privilégient tout de même leur père, puisque c'est leur père. À tant guerroyer, le preux chevalier use ses forces, mais il se rend bien compte qu'il ne peut abandonner une victime qu'il a sauvée. Il s'entend dire à maintes reprises que, sans lui, la vie ne serait pas possible, il est bloqué dans son rôle, il s'épuise à protéger tout le monde. Généralement, dans ce cas de figure, il gagne suffisamment bien sa vie pour assumer toutes les dépenses, il agit sur tous les fronts, professionnels et familiaux, conscient d'être devenu indispensable. Reprendre sa liberté reviendrait à condamner cette famille à une déchéance certaine ; c'est donc impossible à envisager. Il se noie lentement et inexorablement dans la somme des devoirs à remplir. Il combat pour le triomphe du bien et de la justice, le risque de mourir dans un tel combat existe, mais un chevalier ne se dérobe pas.

Si jamais il parvient à abandonner cette lutte incessante, il commence à respirer, à se retrouver, mais il est aussi rongé par le remords, à peine amoindri quand il apprend que sa dame a trouvé un autre défenseur, attendri par les drames qu'elle affronte si courageusement.

Les hommes doués adoptent avec une facilité en apparence surprenante ce rôle de preux chevalier qui correspond à leur générosité et à leur noblesse de caractère, mais, dans la vie quotidienne, les occasions d'utiliser ces qualités sont rares. L'étincelle allumée par la jeune femme dans le malheur a suffi : il ne lui fallait pas fournir de grands efforts pour réveiller un instinct chevaleresque qui a peu d'occasions de s'exprimer au quotidien.

On pourrait s'étonner de ce portrait soudainement romantique des hommes doués, après les avoir évoqués sous tous les avatars possibles de séducteur impénitent, sans scrupule ni remords, mais tout dépend de la facette de la personnalité à laquelle on s'adresse. L'essentiel est de détecter le point sensible pour déclencher ce besoin de venir en aide aux personnes en détresse.

D'ailleurs, des jeunes filles adoptent cette même tactique : elles ont connu une enfance malheureuse, elles ont souffert, ce noble chevalier qui entre dans leur vie leur apporte, pour la première fois, un rayon de lumière ; comme les autres jeunes filles, elles goûtent enfin aux plaisirs de l'existence. Il serait criminel de l'abandonner, seule avec cette tristesse de fond qui ne la quitte jamais et qui justifie les caprices qu'elle s'autorise de temps à autre. Une fois le couple bien installé, les caprices deviennent plus fréquents, ils sont surtout destinés à éjecter une belle-mère perspicace qui a bien saisi la manœuvre et souffre de voir son fils ainsi piégé, mais elle ne veut pas se brouiller avec lui ni cesser de voir ses petits-enfants. Elle assiste, impuissante, au triomphe d'une belle-fille qui, elle, s'est installée dans une toute-puissance destinée à désarmer toute velléité de désir d'indépendance d'un jeune homme talentueux qui pourrait éprouver l'envie de respirer un air plus léger.

Le mécanisme est identique dans le fond, mais la forme est différente quand il s'agit de piéger une femme douée : elle rencontre un homme qui la touche d'emblée, il lui fait comprendre qu'elle est la seule à savoir l'écouter et le réconforter, peu à peu il accroît son emprise en la couvrant de compliments empreints de reconnaissance. Enfin, il se sent compris, ses souffrances passées commencent à s'estomper, et pourtant elles ont été nombreuses et profondes, mais ce périple douloureux trouve son aboutissement dans cette rencontre qui le sauve. Peut-être fallait-il toute cette souffrance pour recevoir une si belle récompense : cette femme magicienne qui le guérit.

Une fois qu'elle est bien accrochée, apitoyée et en même temps heureuse de venir en aide avec succès à un homme dans la peine, elle ne s'interroge même plus sur ses sentiments et elle consacre sa vie, son énergie et son amour à aider cette victime à se restaurer. C'est alors que commence un travail de sape mené avec méthode et maîtrise. L'homme qu'elle aidait avec abnégation la regarde de plus en plus souvent d'un air douloureusement déçu : il n'imaginait pas qu'elle puisse être si maladroite, si gauche, si ignorante, si empruntée ou bien si désinvolte quand il la présente à des amis. Mais il va la guider et la conseiller pour qu'elle corrige ses défauts, qu'il pointe implacablement. La liste des fautes s'allonge, les reproches s'accumulent, c'est un travail méthodique de destruction.

Cette situation est d'autant plus éprouvante que la victime ne trouve pas d'échos autour d'elle. Tout le monde voit un homme aux petits soins, certainement amoureux, et d'ailleurs charmant et d'une grande gentillesse. Sa femme aurait tort de se plaindre, on lui envierait plutôt cet homme doté de tant de qualités. Serait-elle un peu affabulatrice ? C'est, en tout cas, ce que son partenaire laisse discrètement entendre, de façon à peine esquissée, feutrée, suggérée. Peut-on imaginer piège plus cruel ?

Il faut une grande force d'âme pour s'extraire de cet engrenage mortel, mais les personnes douées possèdent des ressources qu'on ne peut concevoir, elles parviennent à refuser de rester victimes de leur trop grande empathie, elles se reprennent, meurtries, étourdies, mais intactes au fond d'elles-mêmes. Le pervers les a séduites par son agilité intellectuelle qui rend ses actions encore plus efficaces, d'autant plus qu'elles visent des proies sensibles à cette dextérité de la pensée.

Ces femmes sont surtout blessées par le triomphe du mensonge, de l'injustice, de la mauvaise foi qui l'emporte sur la vérité et l'équité, et tout le monde semble accorder le plus grand crédit à cette présentation falsifiée d'une situation de cauchemar. Leur défense est risible et dérisoire, vouée à l'échec, elle ne peut s'appuyer sur aucun fait concret, il ne s'agirait que de la vision faussée d'une réalité déformée par leur esprit malade.

La force d'âme et de caractère doit être gigantesque pour se reprendre et changer complètement de vie, surtout quand le pervers s'est ingénié à priver sa proie de toute ressource financière. C'était plus sûr. Par une ironie dont la vie a le secret, ces femmes guerrières se rendent soudainement compte qu'elles n'aimaient pas leur bourreau. Il les avait apitoyées, elles s'étaient senties obligées de remplir cette mission, parce que le sort en avait décidé ainsi, elles avaient peut-être eu un moment de faiblesse, mais elles réalisent qu'elles étaient plus sous emprise que véritablement amoureuses, quelque chose de leur nature profonde avait été annihilé, elles n'étaient plus complètement elles-mêmes. C'est pourquoi, quand elles se reprennent, elles n'éprouvent pas de réelle nostalgie en songeant aux moments qui n'ont finalement pas été vraiment heureux, une fois passée la phase de séduction.

Elles sont parfois aidées par un corps qui se révolte : elles tombent malades de façon suffisamment grave pour justifier l'intervention répétée de médecins, voire une hospitalisation. C'est un signal d'alarme qui les alerte sur la gravité de leur état et qui laisse leur bourreau dérouté par ce qui lui semble une inadmissible dérobade.

Il peut, malgré tout, subsister des séquelles de ce passage éprouvant : sans que ce soit conscient, celle qui a réussi à se dégager de cette emprise réagit violemment quand elle pense déceler une amorce de manipulation dans les paroles d'un homme avec lequel elle commence à tisser de tendres liens. La formulation, pourtant apparemment anodine, d'une phrase lui rappelle des paroles qui l'avaient blessée sans qu'elle puisse se défendre. Une simple intonation peut la faire réagir de façon disproportionnée parce qu'elle a éveillé un point encore sensible et toujours douloureux. Sa raison ne se fait plus entendre, elle replonge dans son cauchemar à cause d'un infime rappel de tous les chocs subis, laissant son partenaire désorienté : il se sent maladroit, gauche et brutal, sans savoir comment contrôler toutes ses paroles face à une partenaire qui réagit d'une façon manifestement irrationnelle, échappant à son contrôle, mais qu'elle peut justifier après coup, quand elle est revenue à plus de raison.

Il faut du temps pour guérir de ces blessures longtemps et cruellement entretenues par celui qui les inflige. Les femmes meurtries répètent alors qu'elles ne sont pas prêtes à se lancer dans une histoire amoureuse et que c'en est à jamais fini pour elles. Elles en sont profondément convaincues, mais, par bonheur, le destin veille et elles sont elles-mêmes étonnées quand elles se surprennent à éprouver de tendres sentiments, presque à leur corps défendant… cette expression étant plus que jamais appropriée à la situation.

Ce « couple » tellement pathologique peut être tout aussi bien formé d'un homme généreux, crédule et même un peu naïf qui n'imaginait pas que la belle jeune fille apparemment séduite par ses qualités se révèle une féroce sorcière lui déniant ensuite toutes ces qualités pour lui renvoyer l'image d'un homme faible et maladroit. Il lui faut du temps et souvent le soutien d'amis attentifs et désolés pour qu'il retrouve sa liberté, étourdi au sortir d'un cauchemar qu'il n'avait pas imaginé.

Il est tentant d'abuser de la générosité des personnes douées

Cette propension à exploiter au plus loin la générosité et l'esprit de sacrifice des personnes douées se retrouve dans nombre de situations en dehors des relations amoureuses où seulement deux protagonistes sont impliqués. Que ce soit dans le monde du travail ou, plus largement, dans la société, la tentation est grande de mettre à profit cette disponibilité rendue plus efficace par le don intellectuel. Les métiers exigeant un certain don de soi, de l'idéalisme, en même temps que des qualités de rigueur et de conscience professionnelle à cause d'une honnêteté foncière qu'ils ne sauraient transgresser, sont exercés avec une remarquable efficacité par les personnes douées, attirées justement par des activités où la recherche du profit n'est pas primordiale. Les employeurs sont alors assurés de n'être pas trahis par ce type de serviteurs. Ce serait en toute bonne conscience que les États ou certaines entreprises prennent à leur service des individus animés par un idéal. On parle de vocation, ces personnes trouveraient leur satisfaction dans l'exercice de leur métier, la reconnaissance et un salaire correct ne sont donc pas forcément nécessaires. Ce système est souvent sollicité sans que quiconque s'en émeuve, sinon les intéressés qu'on apaise avec des paroles qui n'engagent pas vraiment leurs auteurs.

Ce mécanisme serait plus banal qu'on ne le croit et pas seulement réduit à la relation de couple, il est utilisé à plus grande échelle, les qualités des personnes douées constituent leurs plus grandes failles.

Leur zèle se retourne contre elles. Le risque est grand de se perdre dans ce processus ou, du moins, de s'épuiser sans se sentir le droit de se soustraire à ses devoirs : l'engrenage des obligations à remplir peut devenir si contraignant qu'il atteint la personne tout entière et détruit son intégrité. On aboutit au burn-out dont les études démontrent que ce sont les personnes les plus zélées, consciencieuses et perfectionnistes qui sont touchées.

Celles qui s'en sortent le mieux sont soutenues par l'amour de leur partenaire, qui restaure patiemment ce qui a été désintégré et renvoie inlassablement une image solide et cohérente à celui qui est peu à peu détruit. C'est une réparation indispensable : ceux qui ne veulent pas se confier par pudeur, par fierté ou pour ménager leur partenaire en lui épargnant ce fardeau, ne s'en sortent pas toujours très bien. S'il n'y a pas le réconfort d'un regard amoureux et d'une chaleur apaisante, ceux qui se sentent si volontiers trompés et trop souvent exploités risquent de se révolter et de retourner contre eux une colère qu'ils n'ont pas pu exprimer. Dans cette situation, et plus que jamais, il est impératif que les deux protagonistes puissent se comprendre à demi-mot et saisir des émotions profondes, trop complexes à décrire et aussi trop violentes pour être exposées sans filtre tant elles sont effrayantes.

Dans tous les scénarios évoqués ici on voit bien le rôle essentiel du don partagé : généralement cette entente est salvatrice, quand l'un des deux traverse une période chaotique, mais elle peut aussi être utilisée comme une arme efficace pour s'attacher la proie choisie et la détruire en la laissant juste assez vivante pour qu'elle continue à rendre service.

Quand cette générosité amplifiée par une compréhension profonde de l'autre est identique chez les deux partenaires, leur couple fonctionne à merveille. Chacun suit l'élan que lui imprime sa nature, il protège alors tout naturellement l'autre plutôt dans le domaine qui lui est propre, les territoires sont répartis implicitement. Il arrive que l'un des deux ait l'impression d'avoir failli à sa mission, de n'avoir pas été suffisamment protecteur par exemple, alors que la situation rendait cette attitude impossible, il voit seulement qu'il n'a pas rempli son rôle, sans tenir compte du contexte, et il a du mal à se pardonner ce manquement. Son partenaire comprend ce sentiment, puisqu'il éprouverait le même en pareille situation, il sait qu'il est indispensable de le rassurer pour lui éviter d'être trop longtemps tourmenté par le remords et par le sentiment, éprouvé dans son enfance, d'être à nouveau « nul », alors que, jusque-là, le regard amoureux de l'autre lui renvoyait enfin une image brillante et séduisante.

Quelques conseils : la prudence est toujours de mise

Il est bien tentant de se laisser étourdir par les débuts toujours enchanteurs d'une histoire d'amour, il serait même difficile de résister à cette séduction de l'instant qu'on veut croire éternel : ce sera le début d'un long chemin désormais suivi à deux après tant d'années de solitude pétrifiée.

Dans un livre intitulé *Des femmes remarquables*[1] l'auteur, Barbara Pym, fait dire à son héroïne, tentée de mettre fin à son célibat, « Peut-être vaut-il mieux s'abstenir de chercher délibérément l'âme sœur, ne pas se lancer en quête d'un fiancé comme d'une casserole ou d'une marmite » et la critique du livre de conclure « Il est si facile de se méprendre sur la qualité ».

Prendre le temps de la réflexion est indispensable ; il convient avant tout de bien se connaître soi-même et de posséder son propre mode d'emploi. Par exemple, acceptera-t-on l'infidélité, si elle fait partie intégrante de la personnalité du partenaire aimé ? Est-on prêt à sacrifier sa vie professionnelle ? Saura-t-on renoncer à la solitude, certes parfois pesante et douloureuse, mais procurant aussi une sensation ineffable de liberté ? Faut-il se ménager un territoire propre, en dépit des contraintes financières dont il faut tenir compte si on habite en ville ? Parfois cette exigence, vitale pour les deux, incite à déménager, voire à changer en conséquence son travail.

Il est bon de se préparer à interrompre à tout moment le discours intérieur qu'on se tient de temps à autre, par un enchaînement d'idées s'instaurant soudainement, quand la pensée chemine à son rythme sur une voie de réflexion paraissant prometteuse et intéressante. Se ménager des moments de solitude cimente souvent un couple pourtant très amoureux, mais les personnes douées ont le plus souvent connu des déboires avant *LA* rencontre, elles ont donc

1. Barbara Pym, *Des femmes remarquables*, 10/18, 1992.

l'habitude de la solitude avec ses moments glacés, certes, mais aussi ceux qui sont propices à une réflexion intérieure nécessaire pour conserver sa cohérence face à tous les événements, souvent perturbants, du quotidien. Ces parenthèses solitaires restaurent et permettent de réparer les infimes écorchures infligées par le monde extérieur à une personne douée, même aguerrie. Ce serait presque une nécessité dont il est préférable de tenir compte dans la mesure du possible.

Pour la plupart, la vie en famille n'est pas une inconnue, mais c'était au travers de la vision d'un enfant entouré de grandes personnes prenant les décisions. Cette fois, ce sont eux les grandes personnes, il leur faudra prendre les décisions pour la famille tout entière en se gardant bien de reproduire sans recul le modèle de leurs parents, mais en ne cherchant pas à s'en démarquer à tout prix. Il y a aussi une belle famille tellement chaleureuse qu'on s'y sent tout à fait heureux et compris, mais parfois, il faut un héroïsme à toute épreuve pour affronter les fêtes familiales. Pour certains, ces retrouvailles joyeuses et festives sont propices à des règlements de compte, parfois d'autant plus impitoyables que leurs origines sont lointaines.

Mieux vaut également avoir des idées à peu près identiques sur la façon d'élever les enfants et surtout sur l'importance qu'on accorde aux notions qu'il faut leur transmettre.

Le bonheur d'être enfin arrivé au havre qu'on avait toujours recherché vaut bien ces quelques aménagements, mais il est évident qu'ils deviennent rédhibitoires dans les mariages dits « de raison ».

CONCLUSION

Le romantisme, fondement du couple doué

En filigrane de ces évocations de couples dans tous leurs états, a couru l'idée d'un certain romantisme, qui caractériserait plus particulièrement les personnes douées, même quand elles donnent l'impression d'être légères et désinvoltes.

Elles seraient en réalité fondamentalement romantiques, comme si leur nature était pétrie de cette qualité. Peut-être leur goût pour la lecture a-t-il alimenté très tôt cette vision de l'existence. Les héros de ces récits sont toujours valeureux, nobles et généreux. Ils ne sont animés par aucune pensée mesquine et, s'ils finissent par épouser la princesse ou par être récompensés de quelque autre manière pour leur bravoure, ils ne cherchaient certainement pas ce genre de reconnaissance : ils ne pouvaient pas agir différemment, il leur fallait rétablir l'ordre et la justice, mettre fin au chaos, cette mission leur était attribuée, ils ne pouvaient pas se dérober.

Cette idée s'estompe peut-être au cours des ans et tandis que les lectures ne sont plus autant imprégnées de fantastique, mais le schéma est resté. D'ailleurs, le fantastique a simplement changé de forme : dans les histoires de science-fiction que les personnes douées apprécient tant, le héros est souvent chargé d'une mission messianique et, comme il s'agit vraiment de fiction, c'est généralement l'humanité tout entière, voire la galaxie, qu'il doit sauver des périls angoissants qui la menacent. On ne s'étonnera pas que le capitaine du vaisseau intersidéral se révèle vite particulièrement habile, fort et bon stratège : il est incontestablement doué, tout comme le détective qui encaisse mille coups et résout finalement une énigme particulièrement obscure et complexe dans les romans policiers, également appréciés par les personnes douées.

Depuis le début de l'humanité, les hommes utilisaient leur force plus efficace pour protéger leur compagne et leurs enfants. Il subsiste sans doute une trace, infime, mais réelle, de ce rôle dévolu aux hommes. Elle se traduit maintenant, chez chacun d'eux, par le souhait latent, quasi inconscient, de voler au secours de leur belle pour mieux la séduire tout en lui venant en aide. C'est alors qu'il sera véritablement accompli.

La belle est animée par de nobles sentiments, elle sait affronter l'adversité sans jamais se montrer trop faible, elle est courageuse, déterminée, audacieuse s'il le faut, elle sait prendre des responsabilités et ses initiatives hardies sont toujours heureuses. C'est seulement dans la compagnie d'un homme qui saura la comprendre et l'apprécier dans toutes les facettes de sa personnalité qu'elle pourra conserver ces qualités et rester pleinement elle-même. L'amazone sait aussi devenir tendre et douce quand elle n'a plus besoin de combattre pour être toujours perçue comme elle le désire, avec une image conforme à la réalité.

Quand, durant de précieux moments de pause, chacun peut enfin ôter son armure, indispensable au-dehors pour ces fiers guerriers, il goûte une paix infinie dans une quiétude qui ne ressemble à aucune autre.

Diderot écrit à sa muse, Sophie : « Je suis tout pour vous, vous êtes tout pour moi ; nous supporterons ensemble les peines qu'il plaira au sort de nous envoyer. Vous allégerez les miennes, j'allégerai les vôtres. »

Dans un couple équilibré, chacun tire l'autre vers le haut. Chacun devient plus intelligent, plus habile, plus savant même et surtout plus beau. Un regard amoureux embellit son objet. Les années qui passent n'atténuent pas cette beauté, les images se superposent, l'éclat des premières années laisse pour toujours sa trace.

Se reconnaître dans le regard de l'autre parce qu'on y voit l'image fidèle de ce qu'on sait de soi est gage de solidité. Grâce à ce regard qui exprime les sentiments à l'état pur, sans que les mots soient nécessaires – ils risqueraient même d'être réducteurs –, la connaissance de soi devient plus profonde et plus subtile. Le regard amoureux permet à l'objet de ses sentiments de se découvrir des qualités qu'il ignorait posséder, elles se révèlent dans cette alchimie secrète qui ne pourra sans doute jamais être définie dans toute sa profondeur.

L'attelage peut alors poursuivre sa route, parfois même en empruntant des chemins audacieux et novateurs, il ne versera pas : chacun est là pour l'autre, attentif, protecteur, et aussi comblé.

C'est le bonheur qu'il faut souhaiter à tous. Les contes de fées conservent toute leur valeur symbolique.

Table

Introduction 7

CHAPITRE I – L'intense désir de vivre un grand amour.... 19

L'éblouissement de l'amour 20

Les différentes stratégies pour rencontrer l'amour 22

Des « mariages arrangés » d'autrefois aux sites de rencontre (22) – Cupidon ou intelligence artificielle ? (24) – Quelles qualités rechercher ? (27) – Et encore aujourd'hui (30)

Le QI et l'amour 31

La situation des femmes
à l'incontestable réussite professionnelle 35

Oser se reconnaître femme douée...................................... 39

Difficile de se dire douée (41) – Fatigue existentielle (43) – Une armure nécessaire (44) – L'importance de l'amitié (46) – Le point de vue des hommes (48)

CHAPITRE II – La quête de soi 51

Quel mode d'emploi ? Question cruciale.............................. 52

Reconnaître et accepter sa spécificité : les données de base 58

Se connaître pour faire les bons choix amoureux (58) – Partager un langage commun (60) – Se sentir en harmonie (64) – Le charme propre aux personnes douées (64) – Un environnement plus ou moins favorable (67)

Le long chemin des femmes pour se penser douées 71
Un regard faussé sur les relations
entre les hommes et les femmes 74

CHAPITRE III – Le couple, un attelage harmonieux....... 77
Un besoin de cohérence... 78
Une approche semblable des événements et des différences irrémédiables (79)
Les pièges de la raison 82
Les pièges des sites de rencontre...................................... 86

CHAPITRE IV – L'amour sacrifié....................................... 89
L'éternel solitaire.. 89
Les solitaires intermittents 91
Les femmes célibataires des générations passées................ 95

CHAPITRE V – Les aléas de la construction du couple.. 99
La séduction avant tout 99
Un autre avatar de cette séduction impérative................... 101
Le Don Juan invétéré 103
Ceux qui jouent la passion avec un art consommé 105
L'attrait de l'entente intellectuelle et ses avatars 107
Ceux qui ne résistent pas (107)
La passion amoureuse comme remède............................... 109
L'attrait de l'entente intellectuelle
et le bonheur qu'elle crée.. 110
L'amour intense et platonique... 112
Faire le deuil d'une certaine image de soi 113
L'esprit de sacrifice 116
Plutôt la solitude 119

CHAPITRE VI – Le couple une fois construit, la personnalité se révèle 121
Le perfectionnisme 122
La générosité au risque de se perdre 123
Le risque de dépression 127
Les enfants comme moyens de pression 128
Passé les vertiges de l'amour 130
Une image de soi à restaurer 132
Les jeunes mères éblouies 134
La répugnance à mentir 135
Les couples différents 137
D'autres pièges encore 139
Le hasard heureux 142
Sensible au passé du partenaire 144
Un amour fusionnel… vite étouffant 150
Une « pitié dangereuse » 154
Des pathologies à connaître 155
De vraies pathologies qui ne sont pas vécues comme telles 158
La jalousie (158) – L'alcoolisme (160)
D'autres modes de relations 161
Une entente trop restreinte 163
Ces couples à l'économie particulière peuvent se défaire tout à coup 165
Les personnes douées piégées par un pervers 167
Il est tentant d'abuser de la générosité des personnes douées 175
Quelques conseils : la prudence est toujours de mise 177

CONCLUSION – Le romantisme, fondement du couple doué 181

DU MÊME AUTEUR
CHEZ ODILE JACOB

Psychologie des enfants très doués, 2018.

Adultes sensibles et doués. Trouver sa place et s'épanouir au travail, avec Thierry Brunel, 2015.

L'Enfant doué. L'intelligence réconciliée, avec Hélène Catroux, 2003.

Cet ouvrage a été composé
en Adobe Garamond Pro
par FACOMPO
à Lisieux.

Cet ouvrage
a été achevé d'imprimer sur Roto-Page
par l'Imprimerie Floch à Mayenne
en mai 2020

N° d'édition : 7381-5285-X – N° d'impression : 96228
Dépôt légal : juin 2020

Imprimé en France